**Gestão financeira aplicada
a partidos políticos**

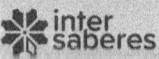

Gestão financeira aplicada a partidos políticos

Alexandre Di Pietra

Rua Clara Vendramini, 58 . Mossunguê . CEP 81200 170 . Curitiba . PR . Brasil
Fone: (41) 2106-4170 . www.intersaberes.com . editora@intersaberes.com

Conselho editorial
Dr. Alexandre Coutinho Pagliarini
Dr.ª Elena Godoy
M.ª Maria Lúcia Prado Sabatella
Dr. Neri dos Santos
Editora-chefe
Lindsay Azambuja
Gerente editorial
Ariadne Nunes Wenger
Assistente editorial
Daniela Viroli Pereira Pinto
Preparação de originais
Giovani Silveira Duarte

Edição de texto
Caroline Rabelo Gomes
Didascália Comunicação
Letra & Língua Ltda.
Capa
Iná Trigo (design)
eamesBot, Dino_Studio, Sensvector
e Ole moda/Shutterstock (imagens)
Projeto gráfico
Bruno de Oliveira
Diagramação
Rafael Ramos Zanellato
Designer responsável
Iná Trigo
Iconografia
Regina Claudia Cruz Prestes

Dados Internacionais de Catalogação na Publicação (CIP)
(Câmara Brasileira do Livro, SP, Brasil)

Di Pietra, Alexandre

Gestão financeira aplicada a partidos políticos / Alexandre Di Pietra. -- Curitiba : Editora Intersaberes, 2023.

Bibliografia.
ISBN 978-65-5517-112-9

1. Ação de prestação de contas – Brasil 2. Campanhas eleitorais – Brasil 3. Fundos para campanhas eleitorais 4. Fundos para campanhas eleitorais – Legislação – Brasil 5. Gestão financeira 6. Partidos políticos I. Título.

22-134674   CDD-324.281

Índices para catálogo sistemático:
1. Brasil : Gestão financeira : Partidos políticos :
   Ciências políticas   324.281
   Cibele Maria Dias – Bibliotecária – CRB-8/9427

1ª edição, 2023.

Foi feito o depósito legal.

Informamos que é de inteira responsabilidade do autor a emissão de conceitos.

Nenhuma parte desta publicação poderá ser reproduzida por qualquer meio ou forma sem a prévia autorização da Editora InterSaberes.

A violação dos direitos autorais é crime estabelecido na Lei n. 9.610/1998 e punido pelo art. 184 do Código Penal.

Sumário

11 *Apresentação*

15 *Como aproveitar ao máximo este livro*

capítulo 1

17 **Gestão financeira aplicada a partidos políticos**

(1.1)

19 Princípio da autonomia partidária

(1.2)

21 Atividade financeira eleitoral

(1.3)

23 Sistema constitucional de responsabilização

(1.4)

24 Prestação de contas

(1.5)

29 Aplicabilidade das normas de contabilidade do Conselho Federal de Contabilidade

capítulo 2
35 **Receitas partidárias**

(2.1)
37 Doação e receita

(2.2)
53 Fundo Partidário

(2.3)
56 Contribuição de filiados

(2.4)
60 Sobras de campanha

(2.5)
62 Doações de outras agremiações

(2.6)
63 Alienação, comercialização e eventos

(2.7)
67 Empréstimos

(2.8)
71 Rendimento de aplicações

(2.9)
72 Fundo de financiamento eleitoral

(2.10)
74 Doações estimáveis em dinheiro

capítulo 3
81 Gastos partidários

(3.1)
85 Finalidades legais específicas

(3.2)
90 Materialidade e comprovação dos gastos partidários

(3.3)
94 Gastos de pequeno vulto

(3.4)
95 Doutrinação e educação política

(3.5)
95 Despesas com pessoal (líquido)

(3.6)
98 Programa das Mulheres: criação ou manutenção

(3.7)
102 Inadimplemento de gastos partidários

(3.8)
104 Débitos de campanha

capítulo 4
107 **Gestão partidária**

(4.1)
109 Funcionamento interno dos partidos políticos

(4.2)
123 Contas bancárias dos partidos

(4.3)
130 Recebimentos

(4.4)
133 Pagamento

(4.5)
133 Recibos de doação

(4.6)
135 Contabilidade dos partidos

capítulo 5
161 **O partido na campanha**

(5.1)
163 Contas eleitorais partidárias

(5.2)
165 Sistema eleitoral

Capítulo 6
185 Prestação de contas anuais

(6.1)
187 Conceito e fases do processo

(6.2)
188 Apresentação das contas: entrega

(6.3)
190 Contas não prestadas

(6.4)
193 Ausência de movimentação de recursos

(6.5)
195 Análise, diligências e julgamento

221 *Considerações finais*
223 *Referências*
231 *Respostas*
235 *Sobre o autor*

Apresentação

O movimento que culminou na elaboração da Lei dos Partidos Políticos, editada em 1995, é incompleto e incompreendido em sua totalidade até os dias de hoje. Tal movimento é parte do conjunto de mudanças programáticas sinalizadas no texto constitucional, muitas delas retardadas e outras ainda não iniciadas.

Nessa esteira, veio a alteração do Código Civil somente no início dos anos 2000, mas a nova definição da personalidade jurídica dos partidos havia sido ignorada, em um hiato entre 1996 e 2003, quando foi ajustado o novo código.

Muitos elementos sutis permeiam os motivos pelos quais as mudanças em curso tendem à lentidão. Um deles é a ausência de um material científico-didático que permita, com certa facilidade, ao público-alvo o conhecimento das principais características relativas às atividades dos partidos políticos – entre elas estão os atos de gestão financeira e, consequentemente, a contabilidade do sistema eleitoral necessária à transparência hoje exigida.

Certo é que questões jurídicas tomam a frente no debate nacional, como a titularidade dos mandatos, a fidelidade, a janela partidária, a cláusula de barreira, as quotas de gênero etc. Com isso, registra-se a ausência de massa crítica capaz de cobrar as mudanças precisas ao cumprimento do programa constitucional, e nisso se inclui a transparência das atividades partidárias, fundamental para o controle social da democracia intrapartidária, que até os dias atuais está sob o manto da não interferência judicial pela garantia constitucional de autonomia.

Nesta obra, nosso objetivo é colmatar a lacuna existente no que diz respeito aos atos em matéria financeira, os quais são os indicadores do fiel cumprimento dos demais programas submetidos à função partidária na sociedade brasileira. O uso de recursos públicos apenas incrementa as diretrizes indispensáveis à transparência desses atos na efetivação dos programas privados para a obtenção de votos e garantia fiel da representatividade.

A obra é de caráter básico e didático e está estruturada nos comandos normativos da Lei dos Partidos Políticos e de sua regulamentação nas resoluções editadas pelo Tribunal Superior Eleitoral.

Inicialmente, no Capítulo 1, pontuamos os elementos essenciais à compreensão do ambiente ao qual estão submetidas as contas partidárias. Em seguida, nos Capítulos 2 e 3, apresentamos, em síntese, os conceitos relativos à arrecadação e aos gastos partidários. Já no Capítulo 4, dedicamo-nos à gestão partidária, adotando os conceitos de *arrecadação* e de *gastos* para delinear minimamente a dinâmica da atuação dos gestores e das lideranças partidárias na condução de seus programas, incluindo a participação do partido nas eleições a cada biênio, conforme esclarecemos no Capítulo 5.

Ainda no Capítulo 4, abordamos as importantes tarefas dos tesoureiros e sua relação com a contabilidade, auxiliando os gestores na produção dos atos de gestão "em matéria financeira" que serão objeto de transparência e controle social.

No Capítulo 5, descrevemos, em breves linhas, a participação do partido nas eleições, destacando vantagens práticas operacionais da atuação isolada dos candidatos, pela faculdade que lhes é garantida pela lei eleitoral.

Finalizando a obra, no Capítulo 6, explicamos as regras de formalização da prestação de contas anuais, sua análise e seu julgamento, abordando especialmente o conteúdo contábil das contas (demonstrações e relatórios), bem como algumas consequências esperadas.

A obra cumpre o papel a que se propõe, possibilitando ao leitor a sistematização do conhecimento necessário à boa gestão dos recursos financeiros disponíveis para a expansão do ideal partidário e a obtenção imprescindível do caríssimo **voto**, garantia de sobrevivência da **grei** frente ao comando constitucional que, nas palavras do eminente ex-ministro Henrique Neves, impede as legendas carentes da **aptidão** para o voto de continuar sua jornada financiada pelo povo brasileiro.

Alexandre Di Pietra

Como aproveitar ao máximo este livro

Empregamos nesta obra recursos que visam enriquecer seu aprendizado, facilitar a compreensão dos conteúdos e tornar a leitura mais dinâmica. Conheça a seguir cada uma dessas ferramentas e saiba como estão distribuídas no decorrer deste livro para bem aproveitá-las.

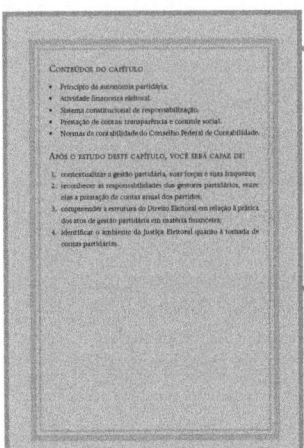

Conteúdos do capítulo

Logo na abertura do capítulo, relacionamos os conteúdos que nele serão abordados.

Após o estudo deste capítulo,
você será capaz de:

Antes de iniciarmos nossa abordagem, listamos as habilidades trabalhadas no capítulo e os conhecimentos que você assimilará no decorrer do texto.

Síntese

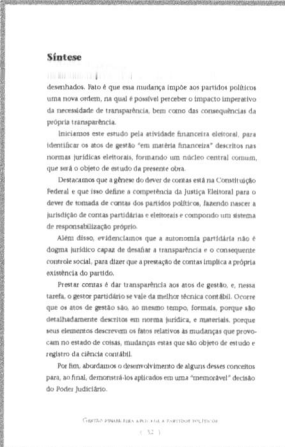

Ao final de cada capítulo, relacionamos as principais informações nele abordadas a fim de que você avalie as conclusões a que chegou, confirmando-as ou redefinindo-as.

Questões para revisão

Ao realizar estas atividades, você poderá rever os principais conceitos analisados. Ao final do livro, disponibilizamos as respostas às questões para a verificação de sua aprendizagem.

Questões para reflexão

Ao propor estas questões, pretendemos estimular sua reflexão crítica sobre temas que ampliam a discussão dos conteúdos tratados no capítulo, contemplando ideias e experiências que podem ser compartilhadas com seus pares.

CAPÍTULO 1
Gestão financeira aplicada a partidos políticos

CONTEÚDOS DO CAPÍTULO

- Princípio da autonomia partidária.
- Atividade financeira eleitoral.
- Sistema constitucional de responsabilização.
- Prestação de contas: transparência e controle social.
- Normas de contabilidade do Conselho Federal de Contabilidade.

APÓS O ESTUDO DESTE CAPÍTULO, VOCÊ SERÁ CAPAZ DE:

1. contextualizar a gestão partidária, suas forças e suas fraquezas;
2. reconhecer as responsabilidades dos gestores partidários, entre elas a prestação de contas anual dos partidos;
3. compreender a estrutura do Direito Eleitoral em relação à prática dos atos de gestão partidária em matéria financeira;
4. identificar o ambiente da Justiça Eleitoral quanto à tomada de contas partidárias.

(1.1)
Princípio da autonomia partidária

As finanças partidárias carecem de um material específico que seja simples e reúna sistematicamente os conceitos jurídicos, direcionando-os para a prática dos atos de gestão. No dia a dia, esses atos de gestão financeira operacional devem obedecer a uma regulamentação jurídica. Hoje, todos os atos em matéria financeira estão sujeitos à **transparência**[1] e aos efeitos da **ordem cronológica**, algo que podemos chamar de **preclusão temporal**. Além disso, esses mesmos atos devem cumprir o dever constitucional de prestação de contas, logo, devem ser registrados pela contabilidade.

Os gestores partidários, ao assumirem responsabilidades à frente de suas comunidades, muitas vezes, contam com a própria sorte diante das dificuldades, que são inúmeras. Assim, o inicial desejo de ser "atuante" rapidamente encontra as limitações técnicas e jurídicas que estão a permear a realidade dessa atividade, que, por tradição, é exercida de maneira voluntária. Isso faz com que, em um esforço pessoal, o gestor aprimore-se a cada ciclo de prestação de contas, descobrindo, a duras penas, os detalhes e as diretrizes da boa gestão. Ademais, a maior parte das legendas ainda adota o modelo provisório, associado à noção de falta de estrutura física, que, equivocadamente, faz entender a ausência de responsabilidades.

Poucas legendas levam adiante a criação dos diretórios permanentes como espaço físico para o debate político em cada localidade. Consequência disso é a ausência da continuidade, que permite o aprimoramento nas relações dos partidos com a sociedade local, com a Justiça Eleitoral e, principalmente, com o eleitor. É nesse contexto

---

1 *As contas bancárias são disponibilizadas pelos bancos.*

que se impõe o conjunto de normas relativas à matéria financeira sobre a atividade financeira eleitoral, realidade da gestão dos partidos políticos e de sua potencial participação nas eleições.

A propalada autonomia partidária tem seu fundamento constitucional consagrado expressamente no art. 17 da Constituição Federal de 1988 (Brasil, 1988), tido como um princípio que determina aos partidos políticos a nobre função de atuarem como instrumentos necessários para a preservação do Estado democrático de direito. Entretanto, a mesma norma veda a atuação dos partidos que possa atentar contra os valores mais caros de nossa sociedade:

- a soberania nacional;
- o regime democrático;
- o pluripartidarismo;
- a autenticidade do sistema representativo; e
- a defesa dos direitos fundamentais da pessoa humana.

Portanto, a nobre missão dos partidos, em sua atuação, é proteger tais valores, assegurá-los, pois não são apenas valores sociais, mas mantenedores da própria democracia.

O texto constitucional garante, ainda, total liberdade aos partidos políticos para criação, fusão, incorporação, extinção e, mais recentemente, federação. É nesse contexto de liberdade mitigada que o art. 17, parágrafo 1º, da Constituição Federal (Brasil, 1988) assegura aos partidos políticos a necessária autonomia para definir sua estrutura interna, sua organização e seu funcionamento. Nesse exato sentido, o partido também é livre para adotar os critérios de escolha e o regime de suas coligações eleitorais, que também são livres de vinculação entre as esferas e suas candidaturas, devendo seus estatutos estabelecer normas de disciplina e de fidelidade partidária.

A incompetência da Justiça Eleitoral para julgar matéria *interna corporis* dos partidos políticos é em razão dessa autonomia mitigada. Podemos dizer que a autonomia partidária opera uma imunidade constitucional protegendo o partido da interferência do legislador ordinário, pois esta deve ser sempre compatível com os parâmetros e os limites estabelecidos pela Constituição. Logo, a ação normativa do Poder Legislativo também é limitada pelos mesmos princípios e valores consagrados no texto constitucional.

(1.2)
ATIVIDADE FINANCEIRA ELEITORAL

No Brasil, a atividade financeira eleitoral é normatizada por duas importantes leis. Há a lei que rege as atividades financeiras dos partidos, Lei n. 9.096, de 19 de setembro de 1995 (Brasil, 1995) – Lei dos Partidos Políticos (LPP), antiga Lei Orgânica dos Partidos Políticos (LOPP) –, e a que rege a atividade financeira das eleições, Lei n. 9.504, de 30 de setembro de 1997 (Brasil, 1997) – Lei das Eleições. Podemos indagar os motivos pelos quais o legislador optou por essa dicotomia partido/eleição. Teria sido em razão de uma aparente estabilidade das normas partidárias, em contraponto a uma tradicional "dinâmica" que acompanhou historicamente a evolução dos pleitos?

Além disso, nessas leis há um núcleo de normas de cunho financeiro, as quais a própria lei passou a identificar como "em matéria financeira". Outra característica comum é a autorização de partidos políticos e de candidatos para os atos de gestão financeira, que podemos afirmar que são os únicos legitimados legais para a arrecadação e gasto eleitorais.

A legitimação dos partidos está prevista no parágrafo 2º do art. 7º da Lei n. 9.096/1995. "§ 2º só o partido que tenha registrado seu estatuto no Tribunal Superior Eleitoral **pode participar do processo eleitoral**, receber recursos do Fundo Partidário e ter acesso gratuito ao rádio e à televisão, nos termos fixados nesta Lei" (Brasil, 1995, grifo nosso).

A legitimação dos candidatos, por seu turno, está prevista no art. 20 da Lei n. 9.504/1997:

> Art. 20. *O candidato a cargo eletivo fará, diretamente ou por intermédio de pessoa por ele designada, a **administração financeira de sua campanha** usando recursos repassados pelo partido, inclusive os relativos à cota do Fundo Partidário, recursos próprios ou doações de pessoas físicas, na forma estabelecida nesta Lei.* (Brasil, 1997, grifo nosso)

Some-se a isso outro relevante conceito que também é definido pelas normas de legitimação: a **responsabilidade pelos atos de gestão**. E, por fim, a característica comum mais importante da atividade financeira eleitoral quanto ao objeto são os **recursos eleitorais**. No contexto das semelhanças, estes têm características próprias, quais sejam:

- a **finalidade**, que é o gasto, ou seja, o que justifica a arrecadação é o gasto, nunca o contrário;
- o **objetivo**, que é a manutenção do pluripartidarismo e do Estado democrático de direito;
- a necessária distinção ou segregação desses recursos na sociedade, que ocorre pela realização do **múnus público** como um fator determinante para sua identificação[2].

---

2   Também é axioma para a não incidência tributária.

(1.3)
SISTEMA CONSTITUCIONAL DE RESPONSABILIZAÇÃO

Para melhor expor a existência de um verdadeiro sistema constitucional de responsabilização eleitoral em matéria financeira, a recente doutrina do mestre José Roberto Pimenta Oliveira dá grande aporte. Em sua tese, o autor reúne ao menos nove sistemas constitucionais de responsabilização, direcionando-os para os atos dos agentes públicos. Oliveira e Grotti (2021) obtêm o resultado pela inteligência das semelhanças contidas no regramento de índole constitucional, cujos elementos são: bem jurídico, ilícito, sanção e processo.

> *Sistema de responsabilidade*[3]*, enquanto conceito jurídico dogmático, é o conjunto normativo estruturado sobre quatro elementos (bem jurídico, ilícito, sanção e processo), que resultam na aplicação de sanções no caso da prática de ilegalidade funcional, elementos estes que mantêm relações de imbricação ou implicação lógico-jurídica, como produto do processo de positivação de instrumentos institucionais de prevenção, dissuasão e punição de determinadas condutas antijurídicas. Eis o conceito categorial, que serve de base para dissecar o fenômeno normativo.*
> (Oliveira; Grotti, 2021, p. 5, grifo do original)

Por essas palavras, percebemos que pode ser retirado dos sistemas gerais de responsabilização o sistema de responsabilização eleitoral

---

3 "Um conceito relacionado ao de dever jurídico é o conceito de responsabilidade jurídica. Dizer que uma pessoa é juridicamente responsável por certa conduta em que ela arca com a responsabilidade jurídica por essa conduta significa que ela está sujeita a sanção em caso de conduta contrária. Normalmente, ou seja, no caso de a sanção ser dirigida contra o delinquente imediato, o indivíduo é responsável pela sua própria conduta. Neste caso, o sujeito da responsabilidade e o sujeito do dever coincidem" (Kelsen, 1992, p. 69).

para aplicá-lo aos legitimados gestores eleitorais em razão das normas sancionadoras em matéria financeira eleitoral.

Ainda segundo Oliveira e Grotti (2021), em sua classificação, a obrigação de prestar contas, que tem origem no art. 17 do texto constitucional e na legislação infraconstitucional, é disciplinada quanto a seu modo e sua forma de cumprimento. Por conclusão, temos que a inteligência desse sistema denota a reunião não só de características, mas também de normas e princípios unos para o sistema eleitoral, seja pela via das normas partidárias, seja pela via das normas direcionadas à eleição, seja, também, pela sobreposição das duas, que ocorre na prestação de contas eleitoral do partido.

(1.4)
PRESTAÇÃO DE CONTAS

Desse sistema extraímos, além do dever de prestar contas, o poder-dever de tomada de contas, no exercício de uma verdadeira jurisdição de contas. A prestação de contas dos partidos políticos e das campanhas eleitorais tem índole constitucional. Isso implica dizer que a atividade financeira partidária e a eleitoral estão fundamentadas nos mesmos princípios constitucionais, quais sejam: (a) **autonomia partidária**: art. 17, inciso I; (b) **dever de transparência**: art. 5º, inciso XXXIII; art. 37, inciso II, parágrafo 3º; art. 216, parágrafo 2º; e (c) **dever de prestar contas**: art. 17, inciso III (Brasil, 1988). Em razão do dever constitucional de contas, os princípios devem ser norteados pelo princípio da transparência.

Segundo a proposta de Gomes (2016, p. 123), a autonomia constitucional é acompanhada do dever de prestar contas: "a despeito da autonomia que lhe é reconhecida, deve o partido prestar contas à Justiça Eleitoral (CF, art. 17, III). Por isso, deve 'enviar, anualmente, à

Justiça Eleitoral, o balanço contábil do exercício findo' (LPP, art. 32 – Brasil, 1995)". Assim, o exercício de qualquer direito ou garantia constitucional está em linha com o dever de prestação de contas; por isso, a ausência de contas tem elevado grau de reprovação social, um direito tão caro à sociedade quanto os direitos fundamentais. Não obstante, a utilização de recursos públicos, por si, já é tutelada em outro sistema de contas, motivo pelo qual há uma dupla fundamentação para o exercício da jurisdição, e não há que se falar em dupla jurisdição.

1.4.1 Princípio da transparência

O princípio da transparência decorre do Estado democrático de direito, constante na vigente Constituição Federal. É axioma, é vetor porque é maior que a norma positivada no documento máximo normativo brasileiro. Ao mesmo tempo que a transparência é gênese para o princípio constitucional da publicidade para legitimar as ações praticadas pela Administração Pública, o art. 37, *caput*, da Constituição assim dispõe: "a administração pública direta e indireta de qualquer dos Poderes da União, dos Estados, do Distrito Federal e dos Municípios obedecerá aos princípios de legalidade, impessoalidade, moralidade, **publicidade** e eficiência" (Brasil, 1988, grifo nosso).

A Lei de Acesso à Informação, Lei n. 12.527, de 18 de novembro de 2011 (Brasil, 2011), tem como objetivo facilitar aos cidadãos o acesso às informações na Administração Pública, em especial, sobre como os recursos públicos estão sendo geridos. Para Martins Júnior (2010, p. 40), o direito de acesso à informação e à publicidade está entre as formas de atuação da democracia "pela publicidade, pela motivação e pela participação popular nas quais os direitos de acesso, de informação, de um devido processo legal articulam-se como formas de atuação" com a finalidade de redução do distanciamento que separa a informação, como um bem jurídico, dos administrados.

A Lei de Acesso à Informação declarou aplicar-se a entidades privadas sem fins lucrativos que recebem recursos públicos diretamente do orçamento independentemente da forma e do tipo de instrumento jurídico.

> *Art. 2º Aplicam-se as disposições desta Lei, no que couber, às entidades privadas sem fins lucrativos que recebam, para realização de ações de interesse público, recursos públicos diretamente do orçamento ou mediante subvenções sociais, contrato de gestão, termo de parceria, convênios, acordo, ajustes ou outros instrumentos congêneres.*
>
> *Parágrafo único. A publicidade a que estão submetidas as entidades citadas no caput refere-se à parcela dos recursos públicos recebidos e à sua destinação, sem prejuízo das prestações de contas a que estejam legalmente obrigadas.* (Brasil, 2011)

Veja que a lei consignou todas as formas de repasses "e outros congêneres" nos quais podem ser incluídos, sem nenhum esforço doutrinário, o Fundo Partidário e o Fundo Eleitoral.

1.4.2 Dever de transparência da Justiça Eleitoral

O dever de transparência deve cotejar a aplicação da norma que impõe à Justiça Eleitoral o **poder-dever de fiscalização dos partidos políticos** – ambos que advêm do mesmo sistema de responsabilidade eleitoral. O dever de transparência é um axioma constitucional, verdadeiro vetor da publicidade que foi recentemente reafirmado pela dicção da Lei n. 12.527/2011, que alcança, também, a Justiça Eleitoral.

O desenho legal dado ao princípio da transparência pela Lei de Acesso à Informação recai no controle social da atividade política e, consequentemente, das eleições. Impõe-se transparência à jurisdição de contas de partidos políticos e de seus candidatos. Não se trata apenas do feixe de funções estatais, administrativas, normativas, judiciais, mas também dos dados dos jurisdicionados, ou seja, das informações constantes das prestações de contas.

De outra face, é o poder-dever de fiscalização estatal, de índole constitucional, que reafirma a jurisdição especial e tem como consequência a responsabilização dos **pretendentes políticos** pelos ilícitos eleitorais, em especial os ilícitos ligados às finanças partidárias e eleitorais, bem como o abuso do poder político-econômico. Nesse sentido, a ainda recente minirreforma trouxe uma importante alteração na Lei n. 9.096/1995, Lei dos Partidos Políticos, que consagra a **aplicação das normas de contabilidade** nos feitos de contas analisados pela Justiça Eleitoral e impede que os julgamentos ocorram fora dessa seara, *contrario sensu*. A norma reafirma a aplicação.

A referida alteração ocorreu em 2019, pela Lei n. 13.877, de 27 de setembro de 2019 (Brasil, 2019b), que integrou o parágrafo 5º ao art. 34:

> *Art. 34. A Justiça Eleitoral exerce a fiscalização sobre a prestação de contas do partido e das despesas de campanha eleitoral [...]*
>
> *[...]*
>
> *§ 5º Os relatórios emitidos pelas áreas técnicas dos tribunais eleitorais devem ser fundamentados estritamente com base na legislação eleitoral e nas **normas de contabilidade**, vedado opinar sobre sanções aplicadas aos partidos políticos, cabendo aos magistrados emitir juízo de valor.*
>
> (Brasil, 1995; 2019b, grifo nosso)

A norma pretendeu coibir o eventual excesso funcional que poderia ser exercido pelas áreas técnicas (órgãos de controle) ao fundamentar os relatórios técnicos de análise de contas, proibindo os agentes envolvidos de opinarem sobre as possíveis sanções aplicáveis. No entanto, a norma positivada fez mais: restringiu a atuação ao escopo da norma jurídica, declarando a aplicação da norma de contabilidade.

1.4.3 Controle social

O direito fundamental de acesso à informação é uma diretriz para o desenvolvimento do controle social, como está no contorno legal descrito no inciso V do art. 3º da Lei n. 12.527/2011.

> *Art. 3º Os procedimentos previstos nesta Lei destinam-se a assegurar o direito fundamental de acesso à informação e devem ser executados em conformidade com os princípios básicos da administração pública e com as seguintes diretrizes:*
>
> *[...]*
>
> *V – desenvolvimento do controle social da administração pública.*
> (Brasil, 2011)

As informações relativas às finanças partidárias são os atos e os fatos da gestão e têm elevado interesse público e coletivo, não apenas dos filiados à agremiação, mas também dos eleitores, dos cidadãos e, principalmente, dos legitimados ao exercício do controle social. Vejamos o teor do inciso XXXIII do art. 5º da Constituição Federal:

> *Art. 5º [...]*
>
> *XXXIII – todos têm direito a receber dos órgãos públicos informações de seu interesse particular, ou de interesse coletivo ou geral, que serão prestadas no prazo da lei, sob pena de responsabilidade, ressalvadas aquelas cujo sigilo seja imprescindível à segurança da sociedade e do Estado.* (Brasil, 1998)

O sistema de responsabilidade eleitoral alcança o gestor partidário impondo o dever de prestar informações à Justiça Eleitoral, entretanto, nesse sistema há também a responsabilidade em divulgá-las, primeiramente, na qualidade de órgão gestor da política pública – que é o processo eleitoral (pleito/eleição) – e, posteriormente, na qualidade de órgão de contas, no exercício de sua jurisdição. No direito comparado, procedimento semelhante ocorre na jurisdição de contas dos administradores públicos com relação às informações dos entes da federação.

(1.5)
APLICABILIDADE DAS NORMAS DE CONTABILIDADE DO CONSELHO FEDERAL DE CONTABILIDADE

A norma jurídica, em matéria financeira, restringe direitos para regular condutas devido ao princípio da máxima igualdade de oportunidades. Ao exercer o poder normativo, o legislador observou condutas e fenômenos a elas associados para impor o regramento necessário à obtenção de comportamentos desejados. Fato é que essas condutas de ordem financeira também são objeto de um regramento técnico contábil; as leis eleitorais não são a gênese de tais atos e fatos financeiros, mas regulam o dever-ser de cada conduta, predizendo muito mais sua forma do que conteúdo.

Por conclusão, o objeto das condutas financeiras descritas em norma jurídica, antes, também é parte do conjunto de normas e princípios contábeis, que, quando aplicados, garantem fielmente a realização dos objetivos do legislador. Assim, prestar contas não é somente a reunião e a entrega de documentos à Justiça Eleitoral para que possa ocorrer o exercício da jurisdição de contas: muito mais do que isso, é o exercício e a demonstração de lisura do gestor, a qualquer tempo e para toda a sociedade.

Por fim, o tema da prestação de contas partidárias tem inegável extração constitucional. A respeito, vale mencionar a ementa de acórdão do Supremo Tribunal Federal (STF), que se consagra como verdadeira aula magna:

PRESTAÇÃO DE CONTAS. PARTIDO SOCIALISMO E LIBERDADE (PSOL). DIRETÓRIO NACIONAL. EXERCÍCIO FINANCEIRO DE 2011. CONTAS APROVADAS COM RESSALVAS. IMPOSIÇÃO DE RESSARCIMENTO AO ERÁRIO. 1. A prestação de contas funda-se no princípio fundamental republicano (CRFB/88, art. 1º, caput), e seu corolário imediato no postulado da publicidade (CRFB/88, arts. 1º, caput, 5º, XXXIII, e 37, caput). A despeito de conteúdo plurissignificativo e de vagueza semântica, afigura-se possível identificar alguns atributos normativos mínimos no conteúdo jurídico dos aludidos cânones magnos, quais sejam, (i) a existência de uma concepção igualitária de bem público, cuja titularidade é atribuída ao povo, (ii) distinção entre patrimônio público e privado dos governantes, (iii) a eletividade dos representantes populares, (iv) periodicidade dos mandatos e (v) o dever de prestação de contas, com a consequente possibilidade de responsabilização político-jurídica de todas as autoridades estatais. 2. O direito à informação, correlato ao dever de publicidade, inerente a todo e qualquer cidadão, de cariz fundamental, ex vi do art. 5º, XIV, da CRFB/88, reclama, na seara eleitoral, que deva ser franqueado o amplo conhecimento acerca dos gastos com as campanhas eleitorais dos postulantes aos cargos político-eletivos. Consequentemente, torna-se imperioso, no afã de salvaguardar este direito, que o Estado não apenas se abstenha de agir, com a ausência de sigilo nas informações, mas também, e sobretudo, que o poder público adote comportamentos comissivos, mediante a adoção de providências concretas que permitam *a cientificação e o conhecimento das informações ao público. 3. O dever de prestar contas é exigido não apenas dos agentes já investidos na gestão da coisa pública, mas também dos players da competição eleitoral, i.e., partidos, comitês e candidatos. 4. A divulgação dos recursos auferidos pelos partidos e candidatos se revela importante instrumento de análise para os cidadãos eleitores, irradiando-se, precipuamente, sob dois prismas: no primeiro, de viés positivo, as informações acerca das despesas de campanha propiciam a formulação de um juízo adequado, responsável e consciente quando do exercício do direito ao sufrágio, notadamente no momento da escolha de seu representante; e, no segundo, de viés negativo, possibilitam que os eleitores possam censurar, por intermédio do voto, aqueles candidatos que, eticamente, estejam em dissonância com os valores que ele, cidadão, considera como cardeais, em especial quando o fluxo de receitas amealhadas durante a campanha não restar devidamente comprovado. 5. A prestação de contas se conecta umbilicalmente a princípios caros ao Direito Eleitoral, como a igualdade de chances entre os partidos políticos, a moralidade eleitoral, e, em última análise, a própria noção de Democracia. A prestação de contas evita ou, ao menos, amaina os reflexos nefastos do abuso do poder econômico que, no limite, desvirtuam a **igualdade de chances entre os candidatos** e as agremiações partidárias, ao mesmo tempo em que se franqueia maior legitimidade ao processo político-eleitoral, sob o prisma do diálogo com a moralidade eleitoral.* (Brasil, 2022b, grifo nosso)

A ementa descrita é aula magistral, por sintetizar os diversos institutos norteadores do dever de contas e da aplicação do princípio da transparência com relação ao partido e às suas informações, bem como à Justiça Eleitoral.

Síntese

Há uma mudança em curso, e seus efeitos e limites ainda estão sendo desenhados. Fato é que essa mudança impõe aos partidos políticos uma nova ordem, na qual é possível perceber o impacto imperativo da necessidade de transparência, bem como das consequências da própria transparência.

Iniciamos este estudo pela atividade financeira eleitoral, para identificar os atos de gestão "em matéria financeira" descritos nas normas jurídicas eleitorais, formando um núcleo central comum, que será o objeto de estudo da presente obra.

Destacamos que a gênese do dever de contas está na Constituição Federal e que isso define a competência da Justiça Eleitoral para o dever de tomada de contas dos partidos políticos, fazendo nascer a jurisdição de contas partidárias e eleitorais e compondo um sistema de responsabilização próprio.

Além disso, evidenciamos que a autonomia partidária não é dogma jurídico capaz de desafiar a transparência e o consequente controle social, para dizer que a prestação de contas implica a própria existência do partido.

Prestar contas é dar transparência aos atos de gestão, e, nessa tarefa, o gestor partidário se vale da melhor técnica contábil. Ocorre que os atos de gestão são, ao mesmo tempo, formais, porque são detalhadamente descritos em norma jurídica, e materiais, porque seus elementos descrevem os fatos relativos às mudanças que provocam no estado de coisas, mudanças estas que são objeto de estudo e registro da ciência contábil.

Por fim, abordamos o desenvolvimento de alguns desses conceitos para, ao final, demonstrá-los aplicados em uma "memorável" decisão do Poder Judiciário.

Questões para revisão

1. A autonomia partidária é conceito jurídico relativo:
   a) aos direitos dos filiados.
   b) aos deveres dos gestores.
   c) à tomada de contas.
   d) ao dever de prestação de contas.
   e) aos direitos dos partidos.

2. As contas partidárias estão sob a fiscalização:
   a) do Conselho Federal de Contabilidade.
   b) da Justiça Eleitoral.
   c) da Justiça Federal.
   d) do Ministério Público Eleitoral.
   e) do juiz de direito.

3. Com relação à prestação de contas anuais, aplica(m)-se:
   ( ) independência partidária.
   ( ) dever de transparência.
   ( ) normas de responsabilidade fiscal.
   ( ) autonomia partidária (CF, 17, *caput*).
   ( ) dever de prestação de contas (CF, 17, III).

4. Existe controle social dos recursos financeiros administrados pelos partidos políticos?

5. Transparência é um princípio aplicável somente à Administração Pública e, por isso, não se aplica ao partido político?

Questões para reflexão

1. A transparência dos atos em matéria financeira interessa apenas à Justiça Eleitoral para que possa cumprir seu dever de tomada de contas? Justifique.

2. A ausência de contas pode ser considerada motivo para a extinção da agremiação? Explique.

CAPÍTULO 2

Receitas partidárias

Conteúdos do capítulo

- Doação e receita.
- Fundo Partidário.
- Contribuição de filiados.
- Sobras de campanha.
- Doações de outras agremiações.
- Alienação, comercialização e eventos.
- Empréstimos.
- Rendimento de aplicações.
- Fundo de financiamento eleitoral.
- Doações estimáveis em dinheiro.

Após o estudo deste capítulo, você será capaz de:

1. conceituar o objeto da arrecadação partidária com base no conjunto de suas características;
2. distinguir financiamento, recursos, receitas e doações;
3. classificar as receitas partidárias;
4. reconhecer as particularidades de cada receita partidária;
5. identificar as situações de arrecadação.

(2.1)
DOAÇÃO E RECEITA

Em matéria financeira eleitoral, o termo *doação* refere-se ao benefício econômico gerado para quem a recebe e é adotado na legislação para designar negócio jurídico de natureza especial. Em outros termos, *doação* é um contrato por meio do qual uma das partes transfere voluntariamente bens ou vantagens de sua propriedade para patrimônio da outra, sem receber nada como contraprestação, mediante aceite da outra parte. Vale dizer que, na Lei Eleitoral, o vocábulo é utilizado 30 vezes e, na Lei dos Partidos Políticos, 10 vezes.

Por sua vez, o termo *receita* é adotado para permitir um estudo técnico mais apropriado dos efeitos que a doação produz, no sentido econômico do ingresso de recursos em determinada entidade, candidato ou partido.

2.1.1 RECURSOS FINANCEIROS PARTIDÁRIOS

Em especial nesta obra, o termo *receita* é adotado para denominar os recursos financeiros partidários que, após serem arrecadados[1], estão disponíveis para o dirigente no contexto prático e operacional da gestão do patrimônio dos partidos políticos.

Nessa perspectiva, *receita partidária* é o conjunto de "recursos" destinados à agremiação política, marcados pela finalidade de financiar as instituições democráticas no contexto da organização do Estado.

---

1 Tecnicamente compatível à receita operacional na atividade empresarial.

2.1.2 SISTEMA. FAMÍLIA, GÊNERO E ESPÉCIE

A receita partidária tem como característica o conjunto de finalidades institucionais advindas do texto constitucional e se contrapõe à receita eleitoral, marcada pela finalidade eleitoral que lhe é própria: a eleição. Essa denominação assume relevância quando são estudadas as receitas eleitorais, e isso ocorre por dois motivos: um porque receitas com a finalidade eleitoral também poderão transitar no partido[2]; outro em razão da possibilidade de o partido figurar entre as "fontes" para o financiamento do candidato, compondo, assim, o rol de classificação das receitas eleitorais.

Podemos concluir pela necessidade de classificação dessas receitas em uma mesma família, que reúna os recursos destinados ao financiamento da política nacional e que por muitos é denominada simplesmente *receita eleitoral*, em sentido amplo. Na doutrina, há momentos em que o termo *eleitoral* se refere ao conjunto (ou seja, a receitas destinadas ao financiamento da política nacional) ou apenas ao pleito. Levando em consideração tais fatos, propomos a seguinte classificação:

- **Família**: receita eleitoral/"ciência política" – quanto ao financiamento;
- **Gêneros**: receitas partidárias/receita eleitoral – quanto às finalidades;
- **Espécies**: doações, fundos, próprias – quanto às aplicações.

Por fim, o destaque dado ao gênero se justifica em virtude dessa segregação lógica, em dois gêneros da mesma família, com diferentes finalidades. Nessa separação, o legislador infraconstitucional

---

2 O partido é obrigado a manter conta bancária para receber e demonstrar a utilização segregada de recursos eleitorais.

inspirou-se para segregar a regulamentação em leis distintas, o que foi corroborado pela Justiça Eleitoral, nas resoluções, a qual normatizou separadamente as auditorias das contas, entre elas, as contas partidárias anuais (PCA), as contas eleitorais partidárias (PCE-p) e as contas eleitorais dos candidatos (PCE-c). Na prática, essa segregação acentua a dificuldade de compreensão daqueles que as observam isoladamente – e é o que tem ocorrido. Entretanto, para as ciências jurídicas e contábil, tal dificuldade não deve existir, posto que elas devem ser compreendidas como um todo, como um **sistema eleitoral**, por estarem subordinadas aos mesmos princípios constitucionais.

2.1.3 Financiamento eleitoral

Outro fator relevante é que, até então, para a doutrina, os recursos são estudados como fontes de financiamento no contexto do financiamento eleitoral, visto como um modelo dinâmico e em constante idealização. Há um debate na sociedade sobre as questões relativas às opções políticas de vedação ou de permissão a determinadas **fontes de recursos**, como a aceitação de recursos das empresas, de entidades governamentais, do orçamento público ou de pessoas específicas. Essas discussões tendem a refletir mais as opções político-legislativas quanto ao modelo público-privado, adotado no Brasil, do que uma possível sistematização lógica com finalidade didático-científica.

2.1.4 Situações de arrecadação

A Lei dos Partidos Políticos – Lei n. 9.096, de 19 de setembro de 1995 (Brasil, 1995) – enumera as doações de pessoas físicas[3]

---

3 Pessoas físicas: doador originário – 10% dos "rendimentos brutos" auferidos no ano anterior (art. 23, § 1º, Lei n. 9.504/1997 – Brasil, 1997).

e jurídicas[4], bem como regula o repasse de recursos públicos para os partidos, conforme disciplinam seus arts. 38 e 39, a seguir transcritos:

> Art. 38. *O Fundo Especial de Assistência Financeira aos Partidos Políticos* (**Fundo Partidário**) *é constituído por:*
>
> [...]
>
> Art. 39. *Ressalvado o disposto no art. 31 (fontes vedadas), o partido político pode receber doações de pessoas* **físicas e jurídicas** *para constituição de seus fundos.* (Brasil, 1995, grifo nosso)

Desde então, a doutrina reuniu apenas esses três elementos e convencionou-os a uma classificação, tomando como fontes para o financiamento eleitoral: pessoa física; pessoa jurídica; recursos públicos. Entretanto, tal classificação se mostra insuficiente para o detalhamento operacional na atividade financeira eleitoral, sobretudo porque a especificação surge quando se observam as resoluções do Tribunal Superior Eleitoral (TSE), a exemplo do art. 5º da Resolução n. 23.604, de 17 de dezembro de 2019 (Brasil, 2019c), que trata das receitas. Na Seção I – "Das fontes de receitas", assim temos:

> Art. 5º *Constituem receitas dos partidos políticos:*
>
> I – *recursos oriundos do Fundo Especial de Assistência Financeira aos Partidos Políticos (Fundo Partidário) de que trata o art. 38 da Lei nº 9.096/1995;*
>
> II – *doações ou contribuições de pessoas físicas destinadas à constituição de fundos próprios;*
>
> III – *sobras financeiras de campanha, recebidas de candidatos;*

---

4 *Pessoas jurídicas: ver ADI n. 4.650-DF do STF (Brasil, 2016).*

IV – doações de pessoas físicas e de outras agremiações partidárias, destinadas ao financiamento de campanhas eleitorais e das despesas ordinárias do partido, com a identificação do doador originário;

V – recursos decorrentes:

a) da alienação ou da locação de bens e produtos próprios;

b) da comercialização de bens e produtos;

c) da realização de eventos; ou

d) de empréstimos contraídos com instituição financeira ou equiparados, desde que autorizada a funcionar pelo Banco Central do Brasil (BCB);

VI – doações estimáveis em dinheiro;

VII – rendimentos de aplicações financeiras, respeitando-se a natureza dos recursos aplicados; ou

VIII – recursos provenientes do Fundo Especial de Financiamento de Campanha (FEFC). (Brasil, 2019c)

Na prática, por meio da observação do referido artigo, podemos enumerar ao menos 12 situações de arrecadação, identificando-as como recursos distintos por suas características, para construir a seguinte lista, mantendo-se a mesma sequência apresentada na resolução:

1. Fundo Partidário;
2. contribuição de filiados;
3. sobras financeiras de campanhas;
4. doações de pessoas físicas;
5. doações de outras agremiações;
6. alienação;

7. comercialização;
8. eventos;
9. empréstimos;
10. rendimentos de aplicações;
11. Fundo Eleitoral;
12. doações estimáveis.

O cruzamento das características comuns às receitas partidárias permite impor uma abordagem sistemática para o tema. Neste trabalho, realizamos uma observação mais detalhada das especificidades de cada financiamento, para propor uma classificação mais ampla, considerando também a finalidade, a natureza e a procedência (origem/fonte). Há, no entanto, certa dificuldade de compreensão por parte da doutrina e da jurisprudência, o que gerou verdadeira "crise no sistema"[5], a qual decorre dessa ausência de norma permissiva objetiva e específica.

2.1.5 CLASSIFICAÇÃO DOS RECURSOS

Nos próximos tópicos, abordaremos a classificação dos recursos quanto à finalidade, à procedência e à natureza.

Quanto à finalidade

Os recursos colocados à disposição do sistema eleitoral podem ser segregados pela finalidade em: (a) recursos partidários; (b) recursos

---

5   Ver ADI n. 4.650-DF do STF: "seja declarada a inconstitucionalidade parcial, sem redução de texto, do art. 31 da Lei nº 9.096/95, na parte em que autoriza, a contrario sensu, a realização de doações por pessoas jurídicas a partidos políticos; e a inconstitucionalidade das expressões 'ou pessoa jurídica', constante no art. 38, inciso III, da mesma lei, e 'e jurídicas', inserida no art. 39, caput e § 5º do citado diploma legal, atribuindo-se, em todos os casos, eficácia ex nunc à decisão" (Brasil, 2016).

eleitorais. A finalidade dos recursos confunde-se com os objetivos de sua existência. Para simplificar:

- no recurso partidário, a finalidade é constitucional (de mantença);
- no recurso eleitoral, a finalidade é campanha, a obtenção de voto.

Recursos partidários

Recursos partidários são destinados à manutenção e à própria existência do partido, na condição de representante de ideias no contexto do pluripartidarismo, do Estado democrático de direito e da necessidade de representatividade ideológica.

A existência dos partidos é tema elevado à índole constitucional. Hoje, mesmo sendo uma entidade privada, o partido tem seu funcionamento político definido em normas constitucionais e legais, porém atuando com liberdade em sua gestão interna.

As receitas partidárias devem **atender à finalidade constitucional** a que os partidos políticos estão submetidos – o que abrange a busca pela convergência de ideias, a propaganda, o alistamento, a educação, a seleção nas prévias e convenções, ou seja, a manutenção do pluripartidarismo e, com isso, a manutenção da própria democracia. Essa é a razão pela qual o art. 17 da Constituição Federal garante liberdade e autonomia aos partidos, prevendo, por um lado, a entrega direta e indireta de recursos públicos aos partidos e vedando, por outro, a possibilidade de financiamento de entidades ou governo estrangeiros (Brasil, 1988).

A necessária autorização legal para a arrecadação de receitas está prevista no art. 39 da Lei n. 9.096/1995, que, de modo amplo e genérico, contempla as doações de pessoas físicas e jurídicas como fontes de **recursos partidários**: "Art. 39. Ressalvado o disposto no art. 31 (fontes vedadas), o partido político pode receber **doações de**

pessoas físicas e jurídicas para constituição de seus fundos" (Brasil, 1995, grifo nosso).

Esse comando é mitigado com a especificação das vedações, ressalvas que podem ser observadas no art. 31 da mesma lei:

> *Art. 31. É vedado ao partido receber, direta ou indiretamente, sob qualquer forma ou pretexto, contribuição ou auxílio pecuniário ou estimável em dinheiro, inclusive através de publicidade de qualquer espécie [...], procedente de:*
>
> *I – entidade ou governo estrangeiros;*
>
> *II – entes públicos e pessoas jurídicas de qualquer natureza, ressalvadas as dotações referidas no art. 38 desta Lei e as provenientes do Fundo Especial de Financiamento de Campanha;*
>
> *[...]*
>
> *IV – entidade de classe ou sindical;*
>
> *V – pessoas físicas que exerçam função ou cargo público de livre nomeação e exoneração, ou cargo ou emprego público temporário, ressalvados os filiados a partido político.* (Brasil, 1995)

Na dinâmica adotada pelo legislador ordinário, observamos, de início, uma liberdade quanto às doações de pessoas físicas e jurídicas, a qual vai sendo limitada pela regulamentação e, ao final, representa uma série de restrições. Nesse sentido, as proibições legais ao financiamento criam um verdadeiro **"rol" de fontes vedadas** para o partido, as quais serão devidamente estudadas adiante.

Em setembro de 2015, o Supremo Tribunal Federal (STF), na Ação Direta de Inconstitucionalidade (ADI) n. 4.650 (Brasil, 2016), declarou inconstitucionais os dispositivos que autorizavam as doações de pessoas jurídicas aos partidos e às campanhas eleitorais[6]. Em 2017, a Lei n. 13.488, de 6 de outubro de 2017, passou a incluir nesse rol a proibição das doações de pessoas jurídicas: "Art. 31. É vedado ao partido receber, [...] qualquer espécie, procedente de: [...] II – entes públicos e **pessoas jurídicas de qualquer natureza**, ressalvadas as dotações referidas no art. 38 desta Lei e as provenientes do Fundo Especial de Financiamento de Campanha" (Brasil, 2017b, grifo nosso).

Recursos eleitorais

Recursos eleitorais são os valores destinados diretamente ao financiamento do sufrágio, e isso decorre de questões históricas que merecem um estudo à parte. Na forma da Lei n. 9.504, de 30 de setembro de 1997, a necessidade de financiamento de sufrágio faz referência intrínseca à sua finalidade, qual seja, as **despesas da campanha eleitoral**: "Art. 17. As despesas da campanha eleitoral serão realizadas sob a responsabilidade dos partidos, ou de seus candidatos, e financiadas na forma desta Lei" (Brasil, 1997).

Quanto ao conceito *recursos eleitorais*, podemos resgatar outro estudo:

> *A resolução eleitoral*[7] *cita o termo "recursos" sem, contudo, definir o conceito. Assim, podemos definir recurso eleitoral como sendo "a reunião de dinheiros marcados pelo múnus público **eleitoral**, é o que impõe a necessária segregação de quaisquer outros recursos, sejam: pessoais, doações, partidários ou públicos".* (Di Pietra, 2016, grifo nosso)

---

6   *Art. 81 da Lei n. 9.504/1997.*
7   *Resolução TSE n. 23.607, de 17 de setembro de 2019 (Brasil, 2019e).*

Podemos afirmar que, em razão do múnus público eleitoral, há uma expressão maior da **manifestação de vontade** do doador quando o financiamento é feito direta e especificamente ao candidato. Importa lembrar que o gestor partidário também administra recursos com finalidade eleitoral, seja em ano eleitoral, seja fora dele, porque os recursos doados com essa finalidade eleitoral permanecem segregados no patrimônio do partido até sua aplicação nas eleições.

Desvio de finalidade
Resta clara a necessidade de segregação desses **recursos partidários**. A finalidade opera-se juridicamente, com reflexos na materialidade, e é algo inerente aos recursos, por causa dos fins a que se destina – podemos dizer que é aderente aos recursos.

Logo, quando da realização do gasto, é possível, pela materialidade, a verificação da finalidade, ou seja, se os gastos atingiram os fins almejados. Observe: sempre que o partido aplicar (gastar) recursos partidários, deverá estar contribuindo para o atendimento de sua finalidade como instituição. Fora disso, haverá o desvio de finalidade, ilícito passível de reprimenda. Da mesma forma, sempre que um recurso eleitoral for gasto, necessariamente, deverá haver um objeto relacionado ao pleito.

Quanto à procedência (origem/fontes)

Os recursos colocados à disposição dos partidos no sistema eleitoral podem ser segregados pela origem: (a) recursos públicos e (b) recursos privados. É em razão dessa classificação "natural e intuitiva" que esses recursos também são chamados de *fontes*.

Vale ressaltar que tal classificação envolve o modelo político de financiamento, isto é, o modelo adotado pelo legislador pátrio, que pode ser público, privado ou misto. No Brasil o modelo adotado é o misto.

Recursos públicos
Os recursos públicos, tecnicamente, são os que têm origem no orçamento do Estado. Reiteramos que os recursos do Estado são, em sua maioria, derivados[8] da sociedade. O financiamento, quanto à sua origem, é sempre privado, pois advém das pessoas físicas, isto é, o recurso público é dinheiro derivado do contribuinte e, ainda, de empresas, as quais são propriedade de pessoas. Hoje, temos o Fundo Partidário e o Fundo Eleitoral, que fazem verter para o caixa dos partidos uma parcela de recursos do Estado.

Recursos privados
A receita partidária proveniente de recursos privados é a forma natural de financiamento por meio da reunião de pessoas que compartilham um mesmo ideal político e identificam necessidades. Nesse sentido, podemos dizer que é a satisfação dessas necessidades coletivas que exige a aplicação dos recursos (gasto partidário/gasto eleitoral), justificando, assim, sua prospecção e sua arrecadação no grupo que a mantém.

Outra característica advém da própria finalidade constitucional: os recursos, uma vez entregues aos partidos, passam a ser marcados pelo múnus público.

Quanto à natureza

Os recursos colocados à disposição do partido no sistema eleitoral podem ser identificados por sua natureza. Esse é um conceito técnico-científico relativo ao patrimônio de uma entidade qualquer. Tais recursos são divididos em: (a) financeiros e (b) econômicos. Se, por um lado, essa característica dos recursos é a menos divulgada

---

8 *Receita tributária derivada.*

ou percebida, por outro, cientificamente, é a mais relevante, sendo fundamental para a compreensão do patrimônio partidário, bem como da totalidade das situações de arrecadação existentes, principalmente quando se busca a análise substancial (materialidade) e menos formal.

É nesse sentido que Marion e Procópio (1998) destacam o grande relacionamento entre a contabilidade e os aspectos jurídicos que cercam o patrimônio, assim como mencionam que, no entanto, não é raro a forma jurídica deixar de retratar a essência econômica. Em tais casos, os autores concluem que "deve a contabilidade guiar-se pelos seus objetivos de bem informar, seguindo se necessário, a essência ao invés da forma" (Marion; Procópio, 1998, p. 27). Hodiernamente, na ciência contábil, essa busca pelo registro da informação em conformidade com a materialidade essencial (verdade real dos fatos) é denominada *princípio da essência sobre a forma*.

A natureza dos recursos confunde-se com o benefício econômico que produzem. Assim, no que concerne a esse aspecto, temos as espécies: (a) natureza financeira (em espécie); e (b) natureza econômica (em bens ou serviços).

Natureza financeira

É em razão do benefício econômico verificado (materialidade) que se reconhece a existência de recursos econômicos, também chamados de *estimáveis em dinheiro*. O benefício econômico é estimável em dinheiro, na mesma proporção que evita uma saída de recursos financeiros do caixa; entretanto, não circula por contas bancárias, logo é não financeiro. O beneficiário de um recurso de natureza econômica deixa de aplicar o equivalente em recursos financeiros para obter o mesmo benefício. Desse modo, tais benefícios devem ser mensurados em dinheiro. A ciência contábil, portanto, presta uma importante contribuição ao sistema eleitoral ao dispor de técnica para o reconhecimento desses fatos existentes no patrimônio dos partidos e no curso das eleições.

Natureza econômica

A tradição de ignorar o reconhecimento de fatos econômicos é tão grave quanto a omissão de uma conta bancária. Isso porque os fatos econômicos podem ser financiados e/ou empreendidos por fontes vedadas, o que distorce o sistema e desequilibra o resultado. Além disso, a classificação tradicional não é suficiente para acomodar, na prática, as possibilidades de financiamento dos partidos e das campanhas eleitorais. Esse é o motivo por que estratégias de financiamento (formas) consideram aspectos formais de arrecadação e outros.

Essência sobre a forma
Conforme Jreige (1998, p. 6):

> *A essência sobre a forma tem sua importância tradicionalmente reconhecida pelos autores contábeis e órgãos normativos, não encontrando iniciativas, no entanto, de elencá-la dentre os princípios contábeis, talvez por entenderem, como professor Iudícibus [...], que se trata de um pré-requisito aos Princípios Fundamentais entre Contabilidade.*

Iudícibus (2007), em seu ensaio teórico sobre os principais fundamentos da contabilidade, apresenta uma base conceitual da qual podemos extrair quatro grandes raízes da ciência contábil. Essa divisão é mais abrangente do que os princípios fundamentais, pois forma uma estrutura conceitual comportamental e filosófica:

> *A primeira delas se caracterizou pela análise da prevalência da **essência sobre a forma**; a segunda conteve-se na discussão da prevalência do **todo***

sobre o individual; a terceira contemplou a prevalência da alocação sobre a valoração, e a prevalência da evolução sobre o "Status Quo" da contabilidade. (Iudícibus, 2007, p. 8, grifo nosso)

E prossegue o autor, em sua magistral lição:

1 PREVALÊNCIA DA ESSÊNCIA SOBRE A FORMA: A PRIMEIRA GRANDE RAIZ

Trata-se da primeira raiz profunda da Contabilidade e de sua teoria. Apresentada, usualmente, de forma vaga ou em classificação "ao Limbo", essa importante raiz, ou pré-condição na verdade, forma a base da Contabilidade moderna. Os grandes estudiosos de todos os tempos talvez não se utilizassem ou não conhecessem a expressão, mas certamente, alguns tinham consciência dela. Chambers (1961), por exemplo, demonstra essa consciência ao classificar como ativos apenas aqueles que possuem valor de troca (de mercado).

Aqui, é necessário lembrar que a importância da "forma" varia de acordo com as instituições jurídicas, crenças e valores de cada região ou país. Países cujas leis estão baseadas no direito romano tendem, via de regra, a dar maior importância à "forma jurídica", muitas vezes em preferência à "essência econômica". Portanto, existem outros fatores que "torcem" em favor da forma, como excessivo zelo pela objetividade, conservadorismo e falta de conhecimentos básicos de Economia.

Foram as estruturas conceituais de origem Anglo (exemplo: IASB), mais do que os tratadistas teóricos, a revelar a importância da essência econômica. No Brasil, a Estrutura Conceitual Básica da Contabilidade da CVM/ IBRACON assumiu de forma clara e concisa essa raiz da Contabilidade, colocando-a como pré-requisito. Ela não poderia ser classificada como postulado ambiental, pois transcende à Contabilidade, podendo ser apanágio de outras ciências, como Direito, Economia e Administração. Mas, certamente, a prevalência da essência sobre a forma nunca poderia ser um postulado jurídico, por exemplo. Ela é estritamente contábil, na "forma" de seu enunciado e aplicação, com conteúdo econômico e gerencial. (Iudícibus, 2007, p. 10)

Iudícibus, Martins e Carvalho (2005, p. 8) afirmam que "a contabilidade, seguindo, relatando e respeitando a essência dos eventos econômicos que captura e mede", consiste na pedra fundamental que apoia e sustenta o edifício contábil.

Conforme Fernandes e Mario (2010), o que deve ser feito, de acordo com a lei, pode não encontrar respaldo teórico na essência contábil do fenômeno da observação e vice-versa, sendo importante atingir um equilíbrio entre a essência contábil e a forma jurídica. É exatamente o que se verifica na relação existente entre as resoluções do TSE em matéria financeira e o registro contábil dos atos e fatos observados na gestão dos partidos políticos e das campanhas.

Sobre o tema, Moreira, Silva Filho e Lemes (2011, p. 17) assim esclarecem: "A análise da essência sobre a forma terá de ser sempre efetuada, e constantemente haverá o risco de que contratos bem redigidos e trabalhados levem a classificações e conclusões incorretas tanto de administradores quanto de auditores".

Ainda, de acordo com Cavalcante (citado por Santos; Almeida, 2012, p. 34):

> É preciso lembrar que a preocupação inicial do Conhecimento Contábil está ligada ao aspecto econômico (daí o sentido do respeito à essência econômica diante da forma jurídica). É aceitável pensar, portanto, que a regra jurídica só se faz necessária diante de conflito efetivo ou potencial

de interesses. Nesses termos, do ponto de vista do Conhecimento Contábil, ela poderia ser compreendida como secundária. Não pelo fato de o aspecto jurídico apresentar uma importância inferior, mas somente para que a possibilidade de aprofundamento do Conhecimento Contábil não ficar por aquele aspecto "represada".

Pelo exposto, há um esforço da doutrina contábil em demonstrar o princípio da essência sobre a forma – leia-se a essência material sobre a forma jurídica. E isso se deve à maior proximidade da ciência contábil com os fatos e com a realidade, pela maior aptidão para a observação desses fenômenos. Por outro lado, diante da forma legal ou materialidade (real), a contabilidade deve sopesar os efeitos econômicos relacionados ao comando legal, sempre para melhor demonstrar a informação.

Na matéria financeira eleitoral, implica dizer que os fenômenos descritos na norma jurídica (leis e resoluções) são os mesmos fenômenos observados pela ciência contábil, com as especialidades de se reconhecerem, de modo adicional, os efeitos econômicos dos atos e dos fatos jurídicos sobre o patrimônio como um todo, o que permite, ainda, que a informação contábil seja contextualizada em relação ao próprio objeto de estudo.

Por fim, devem-se analisar os efeitos materiais sobre o patrimônio, e não apenas os elementos isolados, exatamente como os elementos de uma equação de primeiro grau, em que cada elemento isoladamente é verdadeiro, mas, para que se componha o resultado informado, os efeitos da operação matemática são fundamentais.

(2.2)
Fundo Partidário

O Fundo Partidário é uma das fontes de financiamento da atividade partidária, com aplicação restrita à finalidade institucional para a qual foi criado, ou seja, deve ser aplicado conforme a autorização e a regulamentação legais.

2.2.1 Natureza pública do fundo

O Fundo Especial de Assistência Financeira aos Partidos Políticos é o nome próprio que identifica o Fundo Partidário entre as fontes de financiamento da atividade partidária. O termo se popularizou como *Fundo Partidário*. Em nosso sistema eleitoral, o Fundo Partidário representa a parcela relativa ao financiamento público. Importa lembrar que, no Brasil, o modelo de financiamento é o misto, devido à coexistência de recursos públicos e privados que estão a financiar os partidos políticos.

A razão de sua existência tem fundamento constitucional e objetiva a manutenção do regime democrático, visto que há a necessidade de se financiarem as minorias, democraticamente representadas na manutenção do pluripartidarismo. É exatamente esse fundamento constitucional que confere a necessária motivação tanto para os atos de formação, de gestão e de repasse quanto para os atos de aplicação dos recursos.

O Fundo Partidário é constituído principalmente por recursos públicos – dotações orçamentárias da União. Entretanto, há outras fontes de recursos que o compõem, tais como multas, penalidades, doações e outros recursos financeiros que a lei poderá atribuir a ele.

2.2.2 Finalidade Constitucional

A finalidade surge em razão de suas características: a natureza pública, a previsão constitucional do partido político, suas finalidades e legitimação, a origem no orçamento da União, bem como a necessidade de criação por lei. Assim, os recursos que transitam pelo Fundo Partidário aderem a essas características "públicas", exigindo, em sua aplicação, o vínculo ao atendimento da finalidade prescrita em lei.

Os gastos partidários financiados com os recursos do Fundo Partidário somente poderão ser aplicados na finalidade institucional que é extensiva às campanhas eleitorais. O desvio da finalidade será objeto de auditoria e, se verificado, estará sujeito à aplicação de penalidades, em função tanto do descumprimento da norma quanto da necessidade de recomposição do patrimônio público.

2.2.3 Necessidade de criação por lei

A Lei n. 4.740, de 15 de julho de 1965 (Brasil, 1965), foi promulgada na data citada e recebeu o nome de Lei Orgânica dos Partidos Políticos (LOPP), e, em 21 de julho de 1971, foi substituída pela Lei n. 5.682 (Brasil, 1971). Entretanto, a sigla LOPP popularizou-se e persiste até os dias de hoje, apesar de substancial mudança constitucional que sobreveio aos partidos e que, consequentemente, exigiu a edição de uma nova lei, então pautada nos novos parâmetros constitucionais trazidos pela Carta de 1988. Somente em 1995 foi publicada a Lei n. 9.096, revogando a Lei n. 5.682/1971, bem como as respectivas alterações promovidas por leis posteriores.

2.2.4 Competência legal

A competência para os atos de aplicação dos recursos oriundos desse fundo é definida por lei e é atribuída ao gestor partidário, que deverá demonstrar à sociedade, adequadamente, o que é feito por meio da segregação em contas bancárias específicas, registros contábeis apartados e da necessária demonstração da materialidade lícita das operações por ele realizadas. Essa competência legal não se transfere a subordinados administrativos ou mesmo a contratados: ainda que as operações sejam realizadas por estes, a responsabilidade é do gestor.

2.2.5 Forma de acesso

Os valores do Fundo Partidário são repassados aos partidos políticos mensalmente, e esses repasses são denominados *duodécimos*[9]. Os valores dos duodécimos são publicados mensalmente no *Diário da Justiça Eletrônico* e são discriminados – por partido e mês de distribuição – em percentuais definidos na vigente cláusula de desempenho, isto é, atos formais da execução orçamentária da União os quais pormenorizam a composição, a formação e o repasse dos valores, tudo acobertado pelo princípio da transparência, visto que a dicção da Lei de Acesso à Informação alcança, também, a Justiça Eleitoral. A transparência é oportunizada por consultas públicas a esses repasses, por meio do acesso ao sítio eletrônico do TSE na internet.

---

9 Duodécimo *é o termo adotado em referência à parcela de 1/12 avos da dotação anual prevista (projetada) na Lei do Orçamento Anual (LOA).*

(2.3)
CONTRIBUIÇÃO DE FILIADOS

Fora o apoio estatal, que chega por meio do Fundo Partidário, a contribuição de filiado à agremiação partidária é a fonte natural para o financiamento da atividade partidária, isso por causa da representatividade ideológica que surge pela reunião de pessoas em torno de um pensamento político. Com isso, a contribuição de filiados é a segunda entre as espécies de receita partidária.

Necessariamente, a formação de um partido em determinada localidade deve ocorrer pela união de pessoas alinhadas – estas, naturalmente, devem dotar a localidade de meios para o proveito geral. Assim, o número de filiados e o viés ideológico são determinantes para a estruturação da operação de uma agremiação partidária.

> **Compare**
>
> Em rudimentar comparação, um modelo mais próximo da contribuição de filiados é o da associação de moradores[10] em condomínio necessário, em que o bem comum deve ser suportado, a partir de divisão ou de rateio, por aqueles que anuíram ou concordaram com a despesa.

Vale lembrar que esse suporte para o bem comum também é visto na organização de outra espécie de pessoa jurídica, que é a associação, e o próprio nome induz à necessidade de contribuição. Nas palavras de Rizzardo (2019, p. 28, grifo nosso),

> *Utiliza-se o instituto da **associação**, na forma dos artigos 53 a 61 do Código Civil, e não o instituto das sociedades, pois se constituem as*

10　Lei n. 10.406/2002: "Art. 44: "São pessoas jurídicas de direito privado: I – as associações; [...]" (Brasil, 2002).

*associações pela união de pessoas que se organizam para fins não econômicos. No caso, visa-se a uma organização das pessoas para **implantar unicamente o bem comum, e dotar certa localidade de meios para o proveito geral**.*

No caso do partido, a receita de filiados decorre da estrutura de constituição e da organização da espécie de pessoa jurídica que é o partido, consoante prevê o Código Civil – Lei n. 10.406, de 10 de janeiro de 2002: "Art. 44. São pessoas jurídicas de direito privado: [...] V – os partidos políticos. [...] § 3º Os partidos políticos serão organizados e funcionarão conforme o disposto em lei específica" (Brasil, 2002). Por esse motivo, essa receita partidária deve ter previsão estatutária e tende a ser constante como uma mensalidade, ainda que não seja obrigatória nem objeto de cobrança judicial. Além disso, pode ser considerada uma contribuição ordinária do filiado.

Ainda, é possível que a contribuição de filiados seja deliberada periodicamente em quantidade e valor, mediante ata, seja em lugar da contribuição ordinária, seja de modo extraordinário, para fazer frente às despesas sazonais[11]. As contribuições ordinárias e extraordinárias podem ser acumuladas.

Podemos concluir que o partido é uma associação de pessoas alinhadas a um objetivo comum (ideologia político-partidária) para a consecução de sua finalidade, qual seja, a expansão de seu programa e a obtenção de votos em certa localidade. Ademais, a filiação partidária gera o vínculo necessário ao suporte material da agremiação, facultado o eventual inadimplemento e permitida a remissão.

---

11 *Exatamente como os sócios de uma empresa financiam sua atividade ou suportam o prejuízo: pelo rateio entre as cotas.*

2.3.1 Quadros partidários no Governo (função, cargo ou emprego)

Notadamente, essa circunstância ocorre quando, no Governo, o comando político da máquina estatal é preenchido por meio da nomeação de quadros partidários para os cargos de direção e assessoramento que se enquadram nessa modalidade. Atualmente, os filiados com função, cargo ou emprego público podem fazer doações para seu partido, mas nem sempre foi assim. Até 2017, os ocupantes de cargos "políticos", comissionados, de livre nomeação e exoneração (*ad notum*), poderiam ser enquadrados no conceito de *autoridade*. E isso gerou consequências financeiras aos partidos: "Art. 31. É vedado ao partido receber, [...] qualquer espécie, procedente de: [...] V – pessoas físicas que exerçam função ou cargo público de livre **nomeação** e exoneração, ou cargo ou emprego público **temporário, ressalvados os filiados a partido político**" (Brasil, 1995; 2017b, grifo nosso).

Observe que esse inciso foi incluído ao art. 31 da Lei n. 9.096/1995 somente em 2017, pela Lei n. 13.488/2017, com o objetivo de diferenciar as doações de autoridades públicas da contribuição de filiados admitidos com qualquer tipo de cargo no Governo, não só os nomeados. Assim, é possível inferir que, em 2017, a lei deixou de proibir as doações de filiados:

- na classe dos nomeados ligados ao comando político da máquina estatal – estes podem ou não ser considerados autoridades;
- na classe dos beneficiados pelo emprego temporário, como política pública social.

2.3.2 Temporários

Nesse caso, andou mal a lei, porque as nomeações dos temporários estão ligadas diretamente à influência política, fazendo verter para o partido parcela dos vencimentos da remuneração desses temporários. Em outras palavras, trata-se de dinheiro público nos cofres partidários, e isso tem sido combatido.

Já quanto aos nomeados, não há outro caminho senão o da tolerância a essa realidade, uma vez que a prática é parte necessária no sistema político.

2.3.3 Doações de autoridades públicas

A mesma Lei n. 13.488/2017 alterou o inciso II do art. 31 da Lei n. 9.096/1995, abandonando o termo *autoridade*:

> Art. 31. É vedado ao partido receber, [...] qualquer espécie, procedente de: [...]
>
> II – **autoridade** ou órgãos públicos, ressalvadas as dotações referidas no art. 38;
>
> II – entes públicos e pessoas jurídicas de qualquer natureza, ressalvadas as dotações referidas no art. 38 desta Lei e as provenientes do Fundo Especial de Financiamento de Campanha [...]. (Brasil, 1995; 2017b, grifo nosso)

Autoridades são pessoas que estão ocupando cargos estratégicos de comando e de decisão com relevância, não só na máquina estatal, mas também na sociedade local. Assim, em suma, em 2017, a lei deixou de proibir também as doações dessas autoridades, desde que filiadas ou ligadas ao comando do órgão público em que exercem o cargo como a autoridade que lhes é própria, nos desígnios da Administração. Entretanto, pela lógica, percebemos que o ocupante de cargo nomeado **não pode doar** a qualquer partido: este, se desejar contribuir, deverá, antes, filiar-se.

2.3.4 Desconto em folha

O TSE já decidiu, em resposta à consulta do PSDB-RJ, que a contribuição mencionada **não pode ser descontada em folha**, justamente pela imposição ao tempo que pode configurar condição para a indicação e a aceitação do filiado em cargo ou emprego público.

(2.4) Sobras de campanha

No contexto das receitas partidárias, as sobras de campanha constituem-se em fonte especial de recursos. "Especial" em razão das circunstâncias em que essa receita poderá ocorrer, isto é, somente ao final de uma campanha eleitoral. Em síntese, sobras de campanha são o conjunto de transferências obrigatórias de cada saldo (igual a receitas menos despesas) contábil existente destinado ao respectivo partido na mesma esfera eleitoral, após a apuração do resultado contábil na data da eleição. Essas transferências devem ser realizadas até a data da prestação de contas eleitorais.

2.4.1 Conceito normativo

Segundo o art. 15, incisos I e II, da Resolução TSE n. 23.604/2019 (Brasil, 2019c), as sobras de campanha dizem respeito à diferença positiva entre os **recursos arrecadados** e os **gastos realizados** pelos candidatos e pelo partido político até a data da entrega das prestações de contas de campanha. São também o eventual conjunto de bens materiais permanentes adquiridos ou recebidos em doação pelo candidato até a data da entrega das prestações de contas de campanha.

2.4.2 Respeito à natureza de cada recurso

Existe normativa que determina o respeito à natureza de cada recurso, ou seja, as segregações existentes na campanha devem ser respeitadas quando da transferência obrigatória ao partido, reforçando, assim, o conceito contábil do patrimônio eleitoral[12].
Conforme a Resolução TSE n. 23.604/2019: "Art. 16. [...] §1º As sobras financeiras de campanha recebidas de candidatos devem ser creditadas nas contas bancárias de que tratam os incisos do art. 6º, conforme a natureza dos recursos [...]" (Brasil, 2019c). Observemos, ainda, que, no caso de saldo financeiro, o patrimônio eleitoral pode perder sua característica essencial, ao ser transferido para a conta ordinária do partido: "Art. 16. [...] § 6º As sobras financeiras verificadas na conta bancária destinada às 'Doações para Campanha' podem ser revertidas para a conta bancária 'Outros Recursos' após a apresentação das contas de campanha pelo órgão partidário" (Brasil, 2019c).

Ao contrário do que sugere ou autoriza esse artigo, mantida a segregação de contas marcada pela finalidade eleitoral, o recurso estará apto a ser utilizado em uma próxima oportunidade, se houver o criterioso registro contábil dos doadores originais.

---

12 *O patrimônio eleitoral reúne o conjunto de bens, direitos e obrigações eleitorais, cuja titularidade é a da personalidade jurídica que se forma em torno da figura do candidato, direitos e obrigações segregados da pessoa física do candidato e de seu partido.*

2.4.3 Comprovação das sobras

No léxico, *comprovação* é o ato ou o efeito de se comprovar algo. No direito, porém, *comprovação* é também um termo jurídico, e, nesse caso, é a ação de patentear a verdade, aduzindo mais de uma prova; é a prova que se aduz ou o conjunto de provas que acompanha outra, como uma confirmação da prova anterior, mediante novas provas, conforme delineado no art. 16 da Resolução TSE n. 23.604/2019 (Brasil, 2019c). Na seara contábil, por seu turno, é uma série de documentos advindos a dispêndios realizados por determinada verba.

Logo, a comprovação é um **fato jurídico** na seara dos atos de responsabilidade do gestor partidário e deve ser contabilmente demonstrado – fato contábil – na esfera partidária, tanto nas contas eleitorais quanto nas contas anuais.

Por fim, devemos lembrar que, em atos partidários, não há solidariedade em relação às esferas superiores, ou seja, eventual ilícito ou irregularidade não poderá ser imputado ou cobrado da esfera superior do partido.

(2.5) Doações de outras agremiações

No contexto das receitas partidárias, as doações de outras agremiações constituem-se em uma fonte especial de recursos, em razão da origem e da forma em que essa receita poderá ocorrer. Veja que interessante: a receita de uma agremiação é o gasto partidário de outra. Quando isso se configura, a operação é denominada *transferência*, que, em síntese, é uma espécie de receita cuja origem é uma saída ou destinação de parte do patrimônio de outra entidade partidária.

2.5.1 Conceito contábil

As doações de outras agremiações partidárias representam saída de parcela de um patrimônio partidário destinada ao ingresso em outro patrimônio, respeitando-se a finalidade da aplicação. Em tal operação, impõe-se a segregação desses valores, que não se misturam.

2.5.2 Participação do partido político nas eleições

Importa frisar que as doações são uma das duas formas de participação do partido político nas eleições: direta ou indiretamente. A participação será **indireta** pela distribuição de recursos como fonte de financiamento, o que é feito através de transferências. Por outro lado, será **direta** quando o partido for o gestor de campanha, responsável total ou parcialmente pelos gastos eleitorais.

O partido pode atuar de ambas as formas – arts. 18 e 19 da Resolução TSE n. 23.607, de 17 de dezembro de 2019 (Brasil, 2019e). Note que a limitação ideológica é imaginária. As transferências podem ocorrer entre partidos, dentro ou fora da campanha e entre qualquer das esferas. Também, as doações partidárias não estão limitadas aos candidatos na mesma campanha, ao mesmo candidato, a outros candidatos na mesma eleição ou até mesmo a outros partidos e outros candidatos.

(2.6)
Alienação, comercialização e eventos

No que tange às receitas partidárias, as alienações, as comercializações e os eventos constituem fontes de recursos, cada qual com suas características próprias. Entretanto, em comum há o fato de serem todas financiadas por recursos privados oriundos de pessoas físicas: são os chamados **doadores originários**, mencionados na lei e nas resoluções. Em tais operações de financiamento, é exigida a perfeita identificação dos doadores originários, informação que deverá acompanhar o recurso até sua aplicação, mesmo que ocorra em exercícios seguintes, nas eleições ou mesmo por meio de outras agremiações ou candidatos. Nesse sentido, em tais operações são emitidos os recibos de doação, de modo a viabilizar o registro dessas informações dos doadores.

Outra característica comum é o fato de essas receitas serem obtidas a partir do próprio patrimônio partidário, ou seja, os recursos já estão disponíveis para o gestor, que atua de maneira **empreendedora** para transformá-los em disponibilidades aumentadas em certo grau econômico, em favor do resultado econômico da grei.

Uma terceira característica é a necessidade de documentação em apartado, quase como um "livro de ouro", em que os gastos são confrontados com os resultados obtidos, à semelhança de um centro de custo, seja da comercialização, seja para a estruturação de eventos.

A Resolução TSE n. 23.604/2019 descreve, em seu art. 10, a forma que o gestor deve adotar para a comercialização de produtos e a realização de eventos: comunicação prévia; balancete do evento (centro de custo e documentação completa); registro da arrecadação, observada a forma legal das doações, inclusive dos limites de doação.

Art. 10. Para a comercialização de produtos e/ou a realização de eventos que se destinem a arrecadar recursos, o órgão partidário deve:

I – comunicar sua realização, formalmente e com antecedência mínima de 5 (cinco) dias úteis, à Justiça Eleitoral, que poderá determinar sua fiscalização, na hipótese de realização de eventos;

II – manter, à disposição da Justiça Eleitoral, a documentação necessária à comprovação de sua realização e de seus custos, despesas e receita obtida, pelo prazo de 5 anos do protocolo da prestação de contas.

§ 1º Os valores arrecadados constituem doação e estão sujeitos aos limites legais, na hipótese de arrecadação para campanhas eleitorais, e à emissão de recibos de doação, na forma disciplinada pela resolução de contas eleitorais.

§ 2º Os recursos arrecadados devem, antes de sua utilização, ser depositados na conta bancária específica, devidamente identificados pelo CPF do doador, conforme estabelecido no arts. 7º e 8º desta resolução.

§ 3º Para a fiscalização de eventos, prevista no inciso I, a Justiça Eleitoral poderá nomear, entre seus servidores, fiscais ad hoc, devidamente credenciados.

§ 4º As despesas e os custos relativos à realização do evento devem ser comprovados por documentação idônea e respectivos recibos de doação, mesmo quando provenientes de doações de terceiros em espécie, bens ou serviços estimados em dinheiro. (Brasil, 2019c)

Alienação
Consiste na transformação direta de um ativo originalmente havido com finalidade permanente (bem do imobilizado) em caixa, como produto de venda ou alienação. O exemplo clássico é a venda de um veículo.

Comercialização
Consiste na transformação indireta de bens, de mercadorias ou de serviços originalmente havidos com recursos do caixa do partido com finalidade de circulação ou saída, transformado em resultado de caixa, como produto de venda ou alienação. O exemplo clássico é a comercialização de material de propaganda, como chaveiros, camisetas, broches e bonés. A operação pode ser estruturada também para

a prestação de serviços, tais como operação de máquina copiadora, serviços de distribuição de informações, *clippings*, entre outros.

Eventos
A produção de eventos também consiste na transformação indireta de recursos humanos, bens, mercadorias e serviços originalmente havidos com recursos do caixa do partido com finalidade específica de estruturação do evento, transformado em resultado de caixa, como produto de venda de vales (*vouchers*), convites, entradas, mesas. O exemplo clássico é o jantar político realizado em apoio de candidatos. Prática comum é o jantar da vitória, em que o déficit de campanha é rateado entre os interessados.

2.6.1 Conceito normativo

São permitidas a comercialização de bens ou serviços e a realização de eventos, conforme prevê o inciso V do § 4º do art. 23 da Lei n. 9.504/1997, incluído pela Lei n. 13.488/2017. A doutrina de Édson de Resende Castro (2018, p. 527),

> *Exemplifica que a regra do artigo 23 foi pensada para eventos de cunho mais trivial: os candidatos e os partidos políticos podem, v.gr., promover almoços, jantares, etc., com venda de convites a preços superiores ao que seria razoável e ao custo total da sua realização, para que o lucro seja depositado na conta da campanha.*

Ampliando o conceito de **reuniões políticas**, caminhadas, passeatas e até mesmo as manifestações de rua podem ser classificadas como eventos, ainda que apenas um pequeno número de pagantes sejam os patrocinadores do evento, doadores adquirentes de quotas do evento e que uma maioria de apoiadores seja dele beneficiada.

2.6.2 *Lives versus* showmícios

É na categoria de eventos que se enquadram as *lives* – por meio da permissão concedida pelas normas de arrecadação de recursos (art. 23, § 4º, V, da Lei n. 9.504/1997 e art. 30 da Resolução TSE n. 23.607/2019) –, que são a divulgação e a transmissão de vídeos ao vivo nos democráticos canais de internet e das redes sociais.

Por outro lado, eventos com a presença de candidatos e de artistas em geral transmitidos pela internet e assim denominados como *lives* eleitorais equivalem à própria figura do showmício, ainda que em formato distinto do presencial, sendo, assim, conduta expressamente vedada pelo art. 39, parágrafo 7º, da Lei n. 9.504/1997. Tal proibição compreende não apenas a hipótese de showmício, mas também a de evento assemelhado, o que, de todo modo, albergaria as denominadas *lives eleitorais*.

(2.7)
Empréstimos

A questão dos empréstimos é incompreendida. Isso porque, na prática, não é vista como financiamento. Fato é que a modernidade relativizou esse tipo de relação econômico-financeira.

Inicialmente, a vedação ao uso do cheque especial surge para o partido com alguma surpresa. Muitos acreditam não haver problema nisso, uma vez que esse financiamento seria transitório, temporário, de dias apenas. Entretanto, cheque especial é financiamento por pessoa jurídica. Na verdade, o tema gira em torno da oferta de crédito e das oportunidades e desigualdades que pode provocar.

No mundo dos negócios, quem tem crédito é capaz de se expor a grandes riscos e, com isso, obter grandes resultados. O ponto é exatamente a questão temporal, que certamente faz toda diferença, principalmente às vésperas de um pleito. Seria algo como poder empreender sem se preocupar com o capital de giro, com os riscos e, até mesmo, com a qualidade da gestão, uma vez que o foco é apenas o resultado eleição. Além disso, se financiada a vitória, o prestígio do eleito seria capaz de suavizar as consequências do uso indiscriminado do dinheiro alheio – seguramente, nesse cenário, teríamos o próprio mercado financeiro competindo para fazer emplacar seus líderes.

Vale lembrar que, na atualidade, o financiamento por pessoa jurídica está vedado por jurisprudência do STF, e, consequentemente, a oferta de crédito também está.

2.7.1 Empréstimos de pessoas físicas

Outra vedação é em relação aos empréstimos de pessoas físicas em lugar de entidades no mercado financeiro, conforme dispõe o art. 5º da Resolução TSE n. 23.604/2019, o qual trata das espécies de financiamento: "Art. 5º Constituem receitas dos partidos políticos: [...] § 1º Não podem ser utilizados, a título de recursos próprios, valores obtidos mediante empréstimos pessoais contraídos com pessoas físicas ou entidades não autorizadas pelo BCB" (Brasil, 2019c).

Observamos, aqui, a vedação expressa ao que pode ocorrer na prática: situação em que pessoas físicas são chamadas para depositar recursos na conta do partido, para cobrir a conta bancária em caso de déficit financeiro e, em momento posterior, serem restituídas dos valores. Essa situação difere da autorização verificada na recente alteração promovida pela Lei n. 13.877, de 27 de setembro de 2019, que incluiu o art. 44-A e seu parágrafo único na Lei n. 9.096/1995, a seguir transcrito:

Art. 44-A. As atividades de direção exercidas [...]

*Parágrafo único. O partido político poderá ressarcir despesas comprovadamente realizadas **no desempenho de atividades partidárias** e deverá manter registro contábil de todos os dispêndios efetuados, sem computar esses valores para os fins do inciso I do caput do art. 44 desta Lei.* (Brasil, 1995; 2019b, grifo nosso)

Nesses casos, haverá, sim, uma prática de financiamento por pessoa física, entretanto, reconhecidamente realizada por integrante das atividades de direção partidária, o que funciona como um salvo-conduto para a regularidade da operação. Ressaltamos que, nessa situação, não há o depósito na conta bancária.

2.7.2 Empréstimos bancários

Por outro lado, no parágrafo 1º do art. 5º da Resolução TSE n. 23.604/2019, dispositivo citado anteriormente, a legislação não proíbe totalmente a realização de empréstimo ao partido, desde que seja contraído de pessoa jurídica autorizada pelo Banco Central do Brasil (BCB), ou seja, entidade pertencente ao sistema financeiro nacional.

Contudo, há uma **forma especial** para o financiamento por parte de pessoa jurídica exclusiva do mercado financeiro, a qual deverá ocorrer sob as seguintes condições:

- somente por meio de entidades autorizadas pelo BCB;
- apresentação de documentação legal e idônea;
- identificação da origem dos recursos utilizados para a quitação;
- comprovação do pagamento das parcelas vencidas até a data da apresentação das contas.

É o que se pode ver disposto no parágrafo 2º do art. 5º da Resolução 23.604/2019:

Art. 5º Constituem receitas dos partidos políticos:

[...]

§ 2º O partido deve comprovar à Justiça Eleitoral a realização do empréstimo e o pagamento das parcelas vencidas até a data da apresentação das contas, por meio de documentação legal e idônea, identificando a origem dos recursos utilizados para a quitação. (Brasil, 2019c)

Portanto, pela regra, a Justiça Eleitoral deve realizar o acompanhamento da extinção das obrigações registradas no passivo dos partidos, o que é feito anualmente por ocasião da apresentação das contas. Todavia, não há regra específica para que se possa verificar, em apartado, fora das contas, a utilização desse tipo de serviço bancário no decorrer do tempo, fato que privilegia a transparência e o exercício do contraditório pelos legitimados à denúncia prevista no parágrafo único do art. 35 da Lei n. 9.096/1995.

Art. 35 [...] O Tribunal Superior Eleitoral e os Tribunais Regionais Eleitorais, à vista de denúncia [...]

*Parágrafo único. O partido pode examinar, na Justiça Eleitoral, as prestações de contas mensais ou anuais dos demais partidos, quinze dias após a publicação dos balanços financeiros, aberto o prazo de cinco dias para **impugná-las**, podendo, ainda, relatar fatos, indicar provas e pedir abertura de investigação para apurar qualquer ato que viole as prescrições legais ou estatutárias a que, em matéria financeira, os partidos e seus filiados estejam sujeitos.* (Brasil, 1995, grifo nosso)

Por conclusão, pelo teor da resolução do TSE, a vedação ao financiamento por pessoa jurídica é mitigada se realizada por breve lapso de tempo e a título de empréstimo, desde que haja uma garantia em bens no patrimônio do partido devedor, o que faz presumir a temporariedade do financiamento em razão da expectativa do reembolso ao credor, mas não constitui certeza da extinção da obrigação assumida.

Por outro lado, é possível a perpetuação do financiamento por meio de técnicas de rolagem de dívidas, obtendo-se renegociações favorecidas, contanto que haja a presença de algum patrimônio no partido.

(2.8)
RENDIMENTO DE APLICAÇÕES

No contexto das receitas partidárias, o rendimento de aplicação financeira constitui uma das fontes de recursos do partido. Tal fonte deve-se à realidade atualmente existente no mercado financeiro, em que os depósitos em contas bancárias são remunerados à taxa de mercado.

O respectivo conceito normativo está previsto no art. 5º, inciso VII, da Resolução TSE n. 23.604/2019: "Art. 5º Constituem receitas dos partidos políticos: [...] VII – rendimentos de aplicações financeiras, respeitando-se a natureza dos recursos aplicados" (Brasil, 2019c).

Assim, remunera-se o capital disponibilizado (pelo simples depósito) – no caso, em uma instituição financeira. Importa lembrar que a modernidade trouxe inúmeros avanços nessas relações, e esse é um deles.

(2.9) Fundo de financiamento eleitoral

No contexto das receitas partidárias, o Fundo Eleitoral merece cuidado especial, em razão de sua aplicação ser restrita ao financiamento da atividade eleitoral, pois é um recurso eleitoral. Assim, deve figurar no patrimônio dos partidos, entre os recursos disponíveis para o gestor partidário, apenas na aproximação do período eleitoral.

Certo é que, ao final do pleito, os recursos do fundo eleitoral que não forem utilizados nas campanhas devem ser devolvidos ao Tesouro Nacional, de maneira integral, e comprovados no momento da apresentação da respectiva prestação de contas pelos partidos políticos, regra que difere do Fundo Partidário, que, no caso, volta para o partido.

2.9.1 Natureza pública do fundo

O Fundo Eleitoral é tecnicamente denominado de Fundo Especial de Financiamento de Campanha (FEFC). Esse é o nome próprio que o identifica no contexto das diversas fontes de financiamento da atividade eleitoral, tendo se popularizado como *Fundo Eleitoral*.

Em nosso sistema eleitoral, assim como o Fundo Partidário, o Fundo Eleitoral representa a parcela relativa ao financiamento público. Seu surgimento, em 2017, incrementou ainda mais o modelo misto de financiamento, fazendo-se somar mais recursos públicos destinados à atividade eleitoral comandada pelos partidos políticos.

O Fundo Eleitoral é constituído por recursos públicos – dotações orçamentárias da União. Diferentemente do Fundo Partidário, nele não há outras fontes de recursos. Além disso, é voltado exclusivamente ao financiamento de campanhas eleitorais e é distribuído somente no ano da eleição. Tornou-se uma das principais fontes de receita para a realização das campanhas eleitorais.

2.9.2 Necessidade de criação por lei

Em 2017, o Congresso Nacional aprovou a Lei n. 13.487, de 6 de outubro de 2017 (Brasil, 2017a). Lei de criação do FEFC, cumpriu o princípio da estrita legalidade da despesa pública ao positivar a norma de repasse dos valores aos diretórios nacionais dos partidos políticos, com a intenção de compensar o fim do financiamento privado estabelecido em 2015 pelo STF e proibir doações de pessoas jurídicas para campanhas políticas.

2.9.3 Forma de acesso

De acordo com a Lei n. 13.487/2017, o total de recursos a serem distribuídos deve ser fixado pela Lei Orçamentária Anual (LOA) do ano da eleição para que possam ser transferidos pelo Tesouro Nacional ao TSE, que atuará como aplicador da norma. Dessa forma, no ano da eleição, os recursos do FEFC são distribuídos conforme os seguintes critérios:

- 2% **igualmente** entre todos os partidos;
- 35% divididos entre aqueles que tenham pelo menos um representante na Câmara dos Deputados, na proporção do **percentual de votos obtidos na última eleição geral para a Câmara**;
- 48% divididos entre as siglas, na proporção do **número de representantes na Câmara**, consideradas as legendas dos titulares; e
- 15% divididos entre os partidos, na proporção do **número de representantes no Senado Federal**, consideradas as siglas dos titulares.

2.9.4 LEGITIMAÇÃO PARA O GASTO ELEITORAL

A competência para os atos de aplicação dos recursos oriundos desse fundo é definida por lei, e a legitimação para o gasto eleitoral é atribuída ao gestor partidário e aos candidatos, que deverão demonstrar à sociedade, adequadamente, o que é feito por meio da segregação em contas bancárias específicas, registros contábeis apartados, processo sujeito à necessária comprovação da materialidade lícita das operações por eles realizadas. Essa competência legal não se transfere a subordinados administrativos ou mesmo a contratados. Ainda que as operações sejam executadas por estes, a responsabilidade é do gestor; logo, a transparência desses repasses é oportunizada pelo acesso ao sítio eletrônico do TSE na internet.

(2.10) DOAÇÕES ESTIMÁVEIS EM DINHEIRO

As doações estimáveis são um tema extremamente relevante, porque são mal compreendidas. Nas receitas partidárias, as doações estimáveis merecem um cuidado especial, em virtude de sua influência direta no resultado.

A Lei n. 9.096/1995 menciona essa situação de arrecadação, em dois artigos, sem esclarecer seu significado.

> Art. 31. *É vedado ao partido receber, direta ou indiretamente, sob qualquer forma ou pretexto, contribuição ou auxílio pecuniário ou **estimável em dinheiro**, inclusive através de publicidade de qualquer espécie, procedente de:*

> *[...]*

Art. 32. O partido está obrigado a enviar, anualmente, à Justiça Eleitoral, [...].

[...]

§ 4º Os órgãos partidários municipais que não hajam movimentado recursos financeiros ou arrecadado bens **estimáveis em dinheiro** ficam desobrigados de prestar contas à Justiça Eleitoral [...]. (Brasil, 1995, grifo nosso)

As "doações estimáveis em dinheiro" são de natureza econômica e **alteram o patrimônio** sem passar pela conta bancária. Frisamos que a conta bancária é a principal forma de controle das contas, porém não é a única, daí a necessidade do controle contábil. Por outro lado, as doações estimáveis em dinheiro **não alteram o resultado contábil**. Isso porque a doação é em espécie, ou seja, o objeto da doação produz um benefício econômico sem que sejam consumidos os recursos financeiros correspondentes.

Para a contabilidade eleitoral, as doações estimáveis são, ao mesmo tempo, variações patrimoniais aumentativas e variações patrimoniais diminutivas que se anulam, mas que influenciam decisivamente a quantidade e a qualidade dos atos partidários e de campanha, sendo objetivamente demonstradas na apuração do resultado do patrimônio eleitoral. Somente essa demonstração – econômica e financeira – pode informar, de modo completo, o sistema de responsabilização eleitoral, permitindo, com isso, a observação dos fatos extracaixa (não financeiros), há muito tempo autorizados pela Justiça Eleitoral.

Aqui, o que afirmamos é que a contabilidade eleitoral, ao observar fenômenos extracaixa, possibilita uma melhor compreensão dos efeitos das doações estimáveis em dinheiro, legalmente autorizadas e largamente utilizadas. Em termos práticos, a título de exemplo, para a instalação da sede de um partido, a doação estimável do uso de uma sala comercial cujo aluguel é de R$ 1.000,00 evita que a entidade tenha de arrecadar, firmar contrato de locação e pagar o aluguel, por exemplo, com os recursos obtidos dos filiados. Dessa forma, essa doação evitou a arrecadação do valor equivalente para a mesma necessidade, sem passar pela conta bancária, liberando recursos do caixa para outra necessidade.

A Resolução TSE n. 23.604/2019 estabelece que doações de bens ou serviços são **estimáveis em dinheiro**, avaliadas a valor de mercado no momento de sua realização: "Art. 9º As doações de bens ou serviços estimáveis em dinheiro ou cessões temporárias devem ser avaliadas com base nos preços praticados no mercado no momento de sua realização e comprovadas" (Brasil, 2019c).

A citada resolução define, também, no mesmo artigo, a regra de comprovação: documento fiscal; instrumento de doação; instrumento de cessão; instrumento de prestação de serviços; documento com a avaliação citando as fontes.

Art. 9º As doações [...]

I – documento fiscal emitido em nome do doador ou instrumento de doação, quando se tratar de doação de bens de propriedade do doador pessoa física;

II – instrumento de cessão e comprovante de propriedade do bem cedido pelo doador, quando se tratar de bens cedidos temporariamente ao partido político;

III – instrumento de prestação de serviços, quando se tratar de serviços prestados por pessoa física em favor do partido; ou

IV – demonstração da avaliação do bem ou serviço doado, mediante a comprovação dos preços habitualmente praticados pelo doador e a sua adequação aos praticados no mercado, com indicação da fonte de avaliação. (Brasil, 2019c)

Podemos concluir que a doação estimável é classificada como receita simbólica, por representar uma entrada de valor equivalente no patrimônio, mas, ao mesmo tempo, configurar um gasto, uma saída do patrimônio. No entanto, a materialidade dessa operação está no gasto, e não na arrecadação, identificando-a.

Síntese

Neste capítulo, em suma, apresentamos as três principais classificações das receitas: finalidade, procedência e natureza.

1. Classificação quanto à finalidade
   A finalidade dos recursos confunde-se com os objetivos de sua existência. Assim, quanto a esse aspecto:
   a) no recurso institucional, a finalidade é partidária;
   b) no recurso eleitoral, a finalidade é de campanha.

2. Classificação quanto à procedência (origem/fontes)
   Os recursos colocados à disposição do sistema eleitoral podem ser segregados pela origem. Dessa forma, haverá:
   a) recursos públicos;
   b) recursos privados.

3. Classificação quanto à natureza
   Os recursos podem ter natureza:
   a) financeira (em espécie);
   b) econômica (em bens ou serviços).

O destaque foi dado para o aspecto econômico e sua íntima relação com a recente evolução da ciência contábil. Observaram-se também as características mais relevantes de todas as espécies de receitas partidárias:

1. Fundo Partidário;
2. contribuição de filiados;
3. sobras financeiras de campanhas;
4. doações de pessoas físicas;
5. doações de outras agremiações;
6. alienação;
7. comercialização;
8. eventos;
9. empréstimos;
10. rendimentos de aplicações;
11. Fundo Eleitoral;
12. doações estimáveis.

Questões para revisão

1. São receitas partidárias:
   a) sobras financeiras de campanhas.
   b) doações de outras agremiações.
   c) alienações.
   d) empréstimos.
   e) todas as anteriores.

2. São as três principais classificações das receitas:
   a) finalidade, procedência e natureza.
   b) origem, objetivo e natureza.
   c) finalidade, destinação e fonte.
   d) origem, fonte e forma.
   e) forma, pessoa e finalidade.

3. Também recebe(m) a designação *forma de financiamento*:
   a) alienação.
   b) comercialização.
   c) eventos.
   d) empréstimos.
   e) todas as anteriores.

4. Qual característica é essencial aos recursos partidários advindos dos fundos públicos?

5. Os partidos podem arrecadar recursos para as eleições somente em ano eleitoral?

Questões para reflexão

1. É possível existir órgão partidário em determinada localidade que possa declarar, em sede de prestação de contas anuais, a inexistência de movimentações de natureza econômica?

2. Em sua opinião, os empréstimos bancários deveriam ser proibidos?

CAPÍTULO 3

Gastos partidários

CONTEÚDOS DO CAPÍTULO

- Finalidades legais específicas, desvio e controle.
- Materialidade e comprovação dos gastos.
- Gastos de pequeno vulto.
- Doutrinação e educação política.
- Despesas com pessoal (líquido).
- Vínculo de emprego.
- Ressarcimento a dirigentes.
- Programa das Mulheres – criação ou manutenção.
- Pena de acréscimo.
- Inadimplemento de gastos partidários.
- Débitos de campanha.

APÓS O ESTUDO DESTE CAPÍTULO, VOCÊ SERÁ CAPAZ DE:

1. identificar as finalidades constitucionais e legais dos gastos partidários;
2. diferenciar o gasto partidário do gasto eleitoral;
3. compreender o conceito de vinculação dos gastos partidários à finalidade;
4. apontar o desvio de finalidade;
5. conceituar materialidade e comprovação dos gastos;
6. reconhecer as especificidades da aplicação legal e dos programas de formação.

Os gastos são livres. Mas apenas em tese! É preciso considerar que há um vínculo com a finalidade constitucional pela consecução dos objetivos expressos no programa partidário – e este é relativamente livre em sua concepção. Ocorre que o programa partidário não é um orçamento de gastos: é, sim, um conjunto de intenções, nem sempre claras e objetivas, presentes nos estatutos. Dessa forma, não havendo abusos, os gastos partidários permanecem na esfera da autorregulamentação, em razão da autonomia partidária, sem a interferência judicial ou regulação estatal.

O financiamento público exerce importante papel no custeio das atividades partidárias ordinárias, típicas, normais, de maneira que o Fundo Partidário é a principal fonte para o financiamento dos gastos relativos à estruturação da agremiação. A finalidade legal dos gastos partidários impõe uma divisão dos custos e das despesas em dois grandes grupos, a seguir listados.

1. Gastos na manutenção e estrutura partidária:
   a) sede: compra, locação, construção e reforma;
   b) sede: serviços de fornecimento, água, luz, comunicações, serviços;
   c) RH, locação MDO e autônomos – vinculados às necessidades do partido.
2. Gastos no programa – consecução dos objetivos programáticos:
   a) propaganda institucional;
   b) alistamento;
   c) doutrinação e educação política (instituto ou fundação);
   d) participação política das mulheres;
   e) pré-campanha;
   f) seleção, divulgação, escolha;
   g) campanha;
   h) deferência aos quadros (eleitos e personalidades).

A lei partidária desdobrou essas duas finalidades constitucionais dos gastos partidários (custos e despesas) para serem suportadas por recursos públicos cuja origem é o orçamento da União, as quais desembarcam nos partidos após o rateio do Fundo Partidário em cotas relativas à representatividade.

Assim, a finalidade legal incidente sobre a aplicação dos recursos do Fundo Partidário produz um importante "efeito moral" sobre a finalidade constitucional, restringindo e exemplificando a maneira pela qual o gestor poderá ser cobrado. Exatamente por ser mais ampla e genérica que a imputação, a defesa partidária pelo gestor exige ampla demonstração em contrário.

> **Resolução TSE n. 23.604/2019**
>
> CAPÍTULO III – DOS GASTOS PARTIDÁRIOS
>
> Art. 17. Constituem gastos partidários todos os custos e despesas utilizadas pelo órgão do partido político para a sua manutenção e para a consecução de seus objetivos e programas.
>
> § 1º Os recursos oriundos do **Fundo Partidário** somente podem ser utilizados para o pagamento de gastos relacionados (art. 44 da Lei n. 9.096/1995):
>
> I – à manutenção das sedes e dos serviços do partido, permitido o pagamento de pessoal, a qualquer título;
>
> II – à **propaganda** doutrinária e política;
>
> III – ao **alistamento** e às campanhas eleitorais;
>
> IV – à criação e à manutenção de instituto ou fundação de pesquisa e de **doutrinação e educação** política;
>
> V – à criação e à manutenção de programas de promoção e difusão da **participação política das mulheres**;
>
> VI – ao pagamento de mensalidades, anuidades e congêneres devidos a **organismos partidários internacionais** que se destinem ao apoio à pesquisa, ao estudo e à doutrinação política, aos quais o partido político seja regularmente filiado;
>
> VII – ao pagamento de despesas com **alimentação**, incluindo restaurantes e lanchonetes;

> VIII – na contratação de serviços de consultoria **contábil** e **advocatícia** e de serviços para atuação jurisdicional em ações de controle de constitucionalidade e em demais processos judiciais e administrativos de interesse partidário, bem como nos litígios que envolvam candidatos do partido, eleitos ou não, relacionados exclusivamente ao processo eleitoral;
> IX – na **compra ou na locação** de bens móveis e imóveis, bem como na edificação ou na **construção** de sedes e afins, e na realização de **reformas** e outras adaptações nesses bens;
> X – no custeio de **impulsionamento**, para conteúdos contratados diretamente com provedor de aplicação de internet com sede e foro no País, incluída a priorização paga de conteúdos resultantes de aplicações de busca na internet, inclusive plataforma de compartilhamento de vídeos e redes sociais, mediante o pagamento por meio de boleto bancário, de depósito identificado ou de transferência eletrônica diretamente para conta do provedor, proibido, nos anos de eleição, no **período desde o início do prazo das convenções partidárias até a data do pleito**. (Redação dada pela Resolução nº 23.679/2022)

Fonte: Brasil, 2019c, grifo nosso.

(3.1) Finalidades legais específicas

A Lei n. 9.096, de 19 de setembro de 1995 (Brasil, 1995), fixou a aplicação mínima em duas finalidades específicas, em termos percentuais do total do Fundo Partidário:

- 20% para pesquisa, doutrinação e educação (art. 44, IV, e art. 53);
- 5% para o Programa das Mulheres (art. 44, V).

É o que se depreende dos incisos IV e V do referido art. 44 da Lei dos Partidos:

*IV – na criação e manutenção de instituto ou fundação de pesquisa e de doutrinação e educação política, sendo esta aplicação de, **no mínimo, vinte por cento do total recebido**.*

*V – na criação e manutenção de programas de promoção e difusão da participação política das mulheres, criados e executados pela Secretaria da Mulher ou, a critério da agremiação, por instituto com personalidade jurídica própria presidido pela Secretária da Mulher, em nível nacional, conforme percentual que será fixado pelo órgão nacional de direção partidária, observado **o mínimo de 5%** (cinco por cento) do total.* (Brasil, 1995, grifo nosso)

Trata-se de um desdobramento legal das finalidades constitucionais, o qual recebe a garantia legal de reserva de recursos para que exista a efetividade almejada.

3.1.1 Desvio de finalidade

O art. 44 da Lei dos Partidos prescreve as normas de conduta para a aplicação dos recursos do Fundo Partidário nas finalidades legais e constitucionais que menciona em seus 11 incisos. Logo, a aplicação irregular dos recursos é a utilização em desconformidade com essa norma, e, nesses casos, os valores devem ser restituídos aos cofres públicos pelo desvio de finalidade. O oposto disso é a lisura pela aplicação regular, ou a regularidade.

Além dos incisos, há a vedação expressa quanto à utilização do Fundo Partidário para a quitação de multas relativas a atos infracionais, ilícitos penais, administrativos ou eleitorais ou para a quitação de encargos decorrentes de inadimplência de pagamentos, tais como multa de mora, atualização monetária ou juros. Perceba que tais vedações só existem em razão do descumprimento de leis e normas.

Espera-se dos gestores públicos condutas probas, em conformidade com as finalidades públicas permeadas pelo interesse público e em estreita sintonia com a teoria geral do ato administrativo. E isso é assim devido à natureza pública desses valores, que trazem consigo suas qualidades, emprestando aos gestores partidários e exigindo deles as mesmas qualidades e obrigações.

O desvio de finalidade não é apenas irregularidade, é também uma ilegalidade. Observe que a sanção de devolução opera de modo independente do julgamento da regularidade das contas e poderá, também, desencadear as consequências previstas na lei.

3.1.2 CONTROLE DA FINALIDADE

O mesmo art. 44 da Lei dos Partidos prescreve, ainda, a necessidade de discriminação dos gastos partidários com a aplicação dos recursos do Fundo Partidário. Esse maior detalhamento é necessário para que se permita o controle da Justiça Eleitoral sobre a materialidade dos atos financeiros, aferindo-lhes, com rigor, o fiel e exato cumprimento das finalidades permitidas nos 11 incisos da lei.

Art. 44 [...]

*§ 1º Na prestação de contas dos órgãos de direção partidária de qualquer nível devem ser **discriminadas** as despesas realizadas com recursos do Fundo Partidário, **de modo a permitir o controle** da Justiça Eleitoral sobre o cumprimento do disposto nos incisos I e IV deste artigo.*

[...]

§ 5º O partido político que não cumprir o disposto no inciso V do caput deverá transferir o saldo para conta específica, sendo vedada sua aplicação para finalidade diversa, de modo que o saldo remanescente deverá ser

aplicado dentro do exercício financeiro subsequente, sob pena de acréscimo de 12,5% (doze inteiros e cinco décimos por cento) do valor previsto no inciso V do caput, a ser aplicado na mesma finalidade. (Brasil, 1995, grifo nosso)

Ademais, na Lei dos Partidos, há outros legitimados, diretos e indiretos, além da Justiça Eleitoral, aptos ao exercício desse controle: o filiado; o "delegado" de partido; o partido; o procurador-geral ou o regional; o corregedor. Todos eles podem representar, pedindo a abertura de investigação em matéria financeira partidária.

Art. 35. O Tribunal Superior Eleitoral e os Tribunais Regionais Eleitorais, à vista de denúncia fundamentada de filiado ou filiado de partido, de representação do Procurador-Geral ou Regional ou de iniciativa do Corregedor, determinarão o exame da escrituração do partido e a apuração de qualquer ato que viole as prescrições legais ou estatutárias a que, em matéria financeira, aquele ou seus filiados estejam sujeitos, podendo, inclusive, determinar a quebra de sigilo bancário das contas dos partidos para o esclarecimento ou apuração de fatos vinculados à denúncia.

Parágrafo único. O partido pode examinar, na Justiça Eleitoral, as prestações de contas mensais ou anuais dos demais partidos, quinze dias após a publicação dos balanços financeiros, aberto o prazo de cinco dias para impugná-las, podendo, ainda, relatar fatos, indicar provas e pedir abertura de investigação para apurar qualquer ato que viole as prescrições legais ou estatutárias a que, em matéria financeira, os partidos e seus filiados estejam sujeitos. (Brasil, 1995)

No caso das eleições, temos a aplicação das sanções legais constantes do art. 30-A da Lei n. 9.504, de 30 de setembro de 1997, a seguir transcritas:

Art. 30-A. Qualquer partido político ou coligação poderá representar à Justiça Eleitoral, no prazo de 15 (quinze) dias da diplomação, relatando fatos e indicando provas, e pedir a abertura de investigação judicial para apurar condutas em desacordo com as normas desta Lei, **relativas à arrecadação e gastos de recursos.**

[...]

§ 2º Comprovados captação ou **gastos ilícitos de recursos,** *para fins eleitorais, será negado diploma ao candidato, ou cassado, se já houver sido outorgado.* (Brasil, 1997, grifo nosso)

Para a operacionalização dos gastos partidários, estes são categorizados como gastos ordinários e extraordinários. Os **ordinários** devem seguir uma lista de despesas pré-aprovadas, como um orçamento. Estas são recorrentes e tendem a se manter estáveis durante o exercício financeiro. Os gastos **extraordinários**, por outra via, dependem de prévia autorização na forma do estatuto. Se urgentes, o presidente da agremiação deve direcionar sua contratação e consequente pagamento, justificando-os.

O gasto partidário ocorre por meio da contratação, sendo o pagamento apenas uma consequência. A ausência de um contrato por escrito não desqualifica a operação; entretanto, ele facilita a comprovação (prova), resguardando os interesses das partes e elogiando a transparência e a competência como princípios, porque produz informações.

(3.2)
MATERIALIDADE E COMPROVAÇÃO DOS GASTOS PARTIDÁRIOS

No direito, a **materialidade** é atributo da relação jurídica e representa o conjunto dos termos essenciais dessa relação, formada a partir de um direito material, ou seja, não processual. Para este trabalho, no procedimento de contas, o melhor conceito de *materialidade* vem do direito penal – art. 41 do Código de Processo Penal, Decreto-Lei n. 3.689, de 3 de outubro de 1941 (Brasil, 1941) –, no qual a materialidade delitiva surge pela reunião dos elementos mínimos informativos sobre o fato, ou seja, são necessários elementos substanciais para que se afirme ou não a existência de um ilícito.

Nesse sentido, a materialidade é a realidade dos fatos levada a registro, e isso opera de modo independente da legislação tributária ou comercial: toda informação relativa ao fato e que puder ser colacionada será parte integrante da prova material do feito, em favor da lisura nos atos de gestão. Na prática, o documento fiscal muito bem espelha essa realidade, todavia não faz prova financeira nem supera a necessidade de contratação, regra que estabiliza as relações entre devedor e credor. Vale lembrar que o documento fiscal é apenas um dos vários pontos na complexa linha do tempo descrita pelo desencadeamento dos fatos relativos à "tradição do bem". Por exemplo, o documento fiscal não faz presumir a contratação, apenas faz parte de sua existência ou não. Uma nota fiscal não faz presumir que outras tantas, de igual valor, virão, mensalmente, tampouco que, ao final, haverá as 12 parcelas anuais. No entanto, retroagindo, há o aperfeiçoamento do contrato, e nunca ao contrário.

Assim, o modo de agir e o proceder nas relações internas, nas declarações e nas comunicações que possam demonstrar as intenções do gestor partidário são importantes elementos de prova. Por sua vez, a **comprovação** é o ato de entrega de comprovantes perante o juízo, não importando os meios, mas sim o fim. O termo *comprovação* não é sinônimo de *documentação*. No contexto específico dos gastos partidários, a comprovação é o procedimento formal criado pela resolução – nesse caso, proceder conforme a regra é a única conduta esperada. Ressaltamos que a Justiça Eleitoral é dotada de competência para exigir que o gestor apresente determinado documento, mas também tem competência normativa para criar uma regra ou procedimento que origine um documento. Essas duas coisas não se confundem.

Comprovação também é o conjunto de documentos aceitos pela Justiça Eleitoral como elementos de prova em um requisito formal. Nessa perspectiva, além do documento fiscal, são aceitos outros meios de prova lícitos para a comprovação de gastos. Na esteira dos comentários anteriores, podemos observar uma lógica existente na consecução dos atos, em seus vários aspectos:

- relação econômica – necessidade e disponibilidade;
- atos internos – cogitação, deliberação, autorização, aprovação;
- relação jurídica – formação da vontade e seu aperfeiçoamento;
- relação jurídica – contratação, bilateralidade, cláusula suspensiva;
- existência material (real) do fato gerador;
- relação tributária principal – subsunção do fato à norma;
- relação tributária acessória – tutela à emissão do documento fiscal;
- relação financeira – pagamento – ato jurídico;
- relação bancária – operação – Sistema Financeiro Nacional;

- relação jurídica – recibo de quitação, extinção da obrigação;
- relação tributária acessória – demais atos, escrituração, recolhimento do tributo.

Certo é que a materialidade para a comprovação de um gasto poderá vir de qualquer um dos atos, fatos ou documentos advindos da "tradição do bem", relativos a uma operação, comercial ou de serviço. São esses os elementos probatórios adicionais. A chamada *força probante do documento público* é sempre relativa e admite prova em contrário, assim, o conjunto de documentos apresentados, concatenados pela lógica dos fatos, cada um a seu tempo, é que produzirá ou não a convicção sobre sua realidade.

Contudo, em alguns casos, as resoluções da Justiça Eleitoral dispensam a comprovação como ato formal de entrega (exigência) de certos comprovantes, sem, entretanto, dispensar o procedimento formal. Dispensada é a juntada desses documentos como uma peça jurídica no feixe de documentos exigidos no procedimento de contas. Mas nunca será dispensado o registro dos atos e dos fatos no contexto material. A dispensa do ato de entrega (documentação) não afasta o registro contábil prévio como conteúdo necessário do procedimento de contas e, com isso, a consequente informação à Justiça Eleitoral, como é o caso do registro das doações de pequeno valor.

Resolução TSE n. 23.604/2019

Art. 18. A comprovação dos gastos deve ser realizada por meio de documento fiscal idôneo, sem emendas ou rasuras, devendo dele constar a data de emissão, a descrição detalhada, o valor da operação e a identificação do emitente e do destinatário ou dos contraentes pelo nome ou pela razão social, o CPF ou o CNPJ e o endereço, e registrados na prestação de contas de forma concomitante à sua realização, com a inclusão da respectiva documentação comprobatória.

§ 1º Além do documento fiscal a que se refere o caput, a Justiça Eleitoral pode admitir, para fins de comprovação de gasto, qualquer meio idôneo de prova, inclusive outros documentos, tais como:

I – contrato;

II – comprovante de entrega de material ou de prestação efetiva do serviço;

III – comprovante bancário de pagamento; ou

IV – Guia de Recolhimento do FGTS e de Informações da Previdência Social (GFIP) ou por declaração ou formulário obtido no Sistema de Escrituração Digital das Obrigações Fiscais, Previdenciárias e Trabalhistas (eSocial).

§ 2º Quando dispensada a emissão de documento fiscal, na forma da legislação aplicável, a comprovação da despesa pode ser realizada por meio de documentação que contenha a data de emissão, a descrição e o valor da operação ou da prestação, a identificação do destinatário e do emitente pelo nome ou pela razão social, o CPF ou o CNPJ e o endereço.

§ 3º Os documentos relativos aos gastos com a criação ou a manutenção de programas de promoção e difusão da participação política das mulheres devem evidenciar a efetiva execução e manutenção dos referidos programas, nos termos do inciso V do art. 44 da Lei nº 9.096/1995, não sendo admissível mero provisionamento contábil.

§ 4º Os gastos devem ser pagos mediante a emissão de cheque nominativo cruzado ou por transação bancária que identifique o CPF ou o CNPJ do beneficiário, ressalvado o disposto no art. 19.

§ 5º O pagamento de gasto, na forma prevista no caput, pode envolver mais de uma operação, desde que o beneficiário do pagamento seja a mesma pessoa física ou jurídica.

§ 6º Nos serviços contratados com a finalidade de locação de mão de obra, é exigida a apresentação da relação do pessoal alocado para a prestação dos serviços, com a indicação do respectivo nome e CPF, além dos documentos previstos no art. 18, § 1º, inciso IV, relativos ao pessoal alocado para a prestação de serviços.

§ 7º Os comprovantes de gastos devem conter descrição detalhada, observando-se que:

I – nos gastos com publicidade, consultoria e pesquisa de opinião, os respectivos documentos fiscais devem identificar, no seu corpo ou em relação anexa, o nome de terceiros contratados ou subcontratados e devem ser acompanhados de prova material da contratação;

II - os gastos com passagens aéreas serão comprovados mediante apresentação de fatura ou duplicata emitida por agência de viagem, quando for o caso, e os beneficiários deverão atender ao interesse da respectiva agremiação e, nos casos de congressos, reuniões, convenções, palestras, poderão ser emitidas independentemente de filiação partidária segundo critérios *interna corporis*, vedada a exigência de apresentação de qualquer outro documento para esse fim (art. 37, § 10, da Lei n° 9.096/1995); e

III - a comprovação de gastos relativos à hospedagem deve ser realizada mediante a apresentação de nota fiscal emitida pelo estabelecimento hoteleiro com identificação do hóspede.

§ 8° Além das provas documentais constantes do § 1° deste artigo, a Justiça Eleitoral poderá exigir a apresentação de elementos probatórios que comprovem a entrega dos produtos contratados ou a efetiva prestação dos serviços declarados.

Fonte: Brasil, 2019c.

(3.3)
GASTOS DE PEQUENO VULTO

Gastos de pequeno vulto são uma reserva em dinheiro, também denominada *fundo de caixa*. Ela deverá ser constituída por um resgate da conta bancária específica, mediante a emissão de cheque nominativo ou de cartão de débito em favor do titular da conta bancária. O valor é de no máximo R$ 5.000,00 e pode ser recomposto mensalmente, para a complementação de seu limite, de acordo com os valores despendidos no mês anterior.

No ano, a soma dos pagamentos não poderá ultrapassar 2% dos gastos lançados no exercício anterior[1]. Outrossim, cada operação de pagamento individual não poderá ultrapassar o limite de R$ 400,00, sendo vedado, em qualquer caso, o fracionamento desses gastos e obrigatória a comprovação.

---

1 Resolução TST n. 23.604/2019: "Art. 19. [...] § 5° O percentual e os valores previstos neste artigo podem ser revistos, anualmente, mediante portaria do Presidente do TSE" (Brasil, 2019c).

(3.4)
DOUTRINAÇÃO E EDUCAÇÃO POLÍTICA

A criação e a manutenção de instituto, de fundação de pesquisa, de doutrinação e de educação política são algumas das destinações específicas de recursos públicos eleitorais. A regra é direcionada aos **órgãos nacionais** dos partidos, que devem destinar, no mínimo, 20% do total de recursos do Fundo Partidário recebidos no exercício financeiro para tal finalidade legal. Eventual sobra pode ser revertida para outras atividades partidárias previstas e também vinculadas ao Fundo Partidário, observando-se que, até o fim do exercício financeiro, as sobras devem ser apuradas e não serão computadas no limite do instituto.

No mês de janeiro do exercício seguinte, as sobras devem ser transferidas (devolvidas) para a conta bancária do Fundo Partidário. Esse valor liberado do instituto de doutrinação que será devolvido em janeiro poderá ser computado para efeito dos cálculos previstos para o limite geral de pessoal e para o Programa das Mulheres. Inexistindo instituto ou fundação de pesquisa, de doutrinação e de educação política, o percentual mínimo de 20% deve ser levado à conta especial do Diretório Nacional do partido político, permanecendo bloqueada até que se verifique a criação da referida entidade.

(3.5)
DESPESAS COM PESSOAL (LÍQUIDO)

Há um limite para a despesa com pessoal a ser paga com recursos do Fundo Partidário. Cada nível de direção partidária deverá respeitar esse limite, certo que o controle é feito na prestação de contas, pela Justiça Eleitoral e por todos os legitimados. Na esfera nacional, poderá ser utilizada a metade (50%) do valor total recebido no exercício financeiro; nas demais esferas, esse limite sobe (60%).

Trata-se do gasto com a remuneração efetiva, de modo que, na despesa com pessoal, deve ser incluída:

- eventual despesa realizada mediante locação de mão de obra

E devem ser excluídos:

- eventual despesa com a contratação de serviços prestados por terceiros autônomos, sem vínculo trabalhista;
- os gastos tidos como encargos sociais (que não serão computados nesse limite);
- direção, assessoramento e apoio político-partidário (até o limite);
- os valores de ressarcimento a dirigentes.

Na contração de locação de mão de obra, é exigida a apresentação da relação do pessoal alocado para a prestação dos serviços, com a indicação do respectivo nome e CPF, além dos documentos normais de comprovação (art. 18, § 6º, Resolução n. 23.604/2019).

3.5.1 Vínculo de emprego

Direção, assessoramento e apoio político-partidário são atividades autorregulamentadas nos estatutos partidários e são consideradas serviços prestados autonomamente se remuneradas até o limite de dispensa de retenção previdenciária, que é de duas vezes o valor do teto de contribuição (valor máximo do benefício). Confira o teor do parágrafo 4º do art. 21 da Resolução TSE n. 23.604/2019:

Art. 21 [...]

[...]

*§ 4º As atividades de direção exercidas nos órgãos partidários, bem como as de assessoramento e as de apoio político-partidário, **assim definidas***

em normas internas de organização, não geram vínculo de emprego, não sendo aplicável o regime jurídico previsto na Consolidação das Leis do Trabalho, aprovada pelo Decreto-Lei nº 5.452, de 1º de maio de 1943, quando remuneradas com valor mensal igual ou superior a 2 (duas) vezes o limite máximo do benefício do Regime Geral de Previdência Social. (Brasil, 2019c, grifo nosso)

3.5.2 Ressarcimento a dirigentes

Está sujeito à comprovação adicional ou complementar de materialidade o gasto relativo ao ressarcimento de despesas havidas no desempenho das atividades partidárias, além de ser necessária a demonstração do vínculo com o partido, conforme preveem os parágrafos 5º e 6º do art. 21 da Resolução TSE n. 23.604/2019:

Art. 21. [...]

[...]

§ 5º O partido político poderá ressarcir despesas comprovadamente realizadas no desempenho de atividades partidárias e deverá manter registro contábil de todos os dispêndios efetuados, sem computar esses valores para os fins no caput deste artigo (art. 44-A, parágrafo único, da Lei nº 9.096/95).

*§ 6º Para a comprovação do ressarcimento a que se refere o § 5º deste artigo, a Justiça Eleitoral poderá requerer provas **adicionais** para atestar a realização do gasto, na forma do art. 18 desta resolução.* (Brasil, 2019c, grifo nosso)

Observamos que, nos casos em que a resolução exclui os valores do cômputo no limite em estudo, não opera a vedação de pagamento com recursos do Fundo Partidário.

(3.6)
Programa das Mulheres:
criação ou manutenção

Inicialmente, o Programa de Promoção e Difusão da Participação Política das Mulheres (PDPPM) é uma das finalidades específicas e talvez hoje a mais importante delas, em razão das duras consequências já experimentadas por muitos partidos e candidatos. O referido programa conta com uma reserva legal de recursos da ordem de 5%, no mínimo, do total do Fundo Partidário recebido no exercício. A cada ano, o mínimo de 5% dos recursos do Fundo Partidário deve ser segregado para que seja aplicado nesses programas, sob pena de acréscimo.

É o que passou a determinar o art. 17, § 7º, da Constituição Federal, com a promulgação da Emenda Constitucional (EC) n. 117, de 5 de abril de 2022: "§ 7º Os partidos políticos devem **aplicar** no mínimo 5% (cinco por cento) dos recursos do fundo partidário na criação e na manutenção de programas de promoção e difusão da participação política das mulheres, de acordo com os interesses intrapartidários" (Brasil, 1988; 2022a, grifo nosso).

3.6.1 Aplicação do acréscimo

O partido que não aplicar espontaneamente os 5% no ano do ingresso dos recursos do Fundo Partidário deverá segregá-los para aplicá-los compulsoriamente no ano seguinte. No caso da não aplicação compulsória, sofrerá o acréscimo. Nesses casos, a lei determina que sejam acrescidos aos recursos segregados valores da ordem de 12,5% para aplicação no exercício subsequente. Não se trata de simples majoração pela troca de alíquotas, mas, sim, de acréscimo (5% + 12,5%), perfazendo-se a aplicação compulsória em 17,5% daquela base de cálculo do exercício em que o recurso foi segregado inicialmente.

Com suporte no art. 44, parágrafo 5º, da Lei n. 9.096/1995 (Brasil, 1995), a Resolução TSE n. 23.604/2019 determina que o partido político que não cumprir a regra dos 5% deverá transferir o saldo para conta bancária criada para essa finalidade (Brasil, 2019c).

Por conclusão, quando a lei prevê, o percentual cria uma reserva legal para a aplicação na finalidade que menciona. A aplicação compulsória ocorrerá pelo descumprimento da lei, apurado na auditoria que ocorre no exercício seguinte. Se, mesmo assim, o partido descumprir a aplicação compulsória da reserva legal, a aplicação deverá ser realizada considerando-se o acréscimo de alíquota. Não se trata de pena, não há necessidade de determinação judicial: nesse caso, o saldo remanescente na conta segregada deve ser aplicado dentro do exercício financeiro seguinte ao de sua constatação.

Além dessa segregação financeira em conta bancária específica, deverá haver a contabilização em rubrica própria do plano de contas aprovado pelo Tribunal Superior Eleitoral (TSE), e os percentuais iniciais ou acrescidos devem ser comprovados mediante a apresentação de documentos fiscais nos quais conste expressamente a finalidade da aplicação, consideradas apenas as despesas que promovam efetivamente o incentivo à participação feminina na política. É, pois, expressamente vedada a comprovação por meio do rateio de despesas ordinárias do partido, tais como água, luz, telefone, aluguel e similares e proibido o cômputo da contratação de serviços administrativos prestados por mulheres.

Com a positivação do tema na Constituição Federal, podemos afirmar que não se trata de obrigação apenas do órgão nacional: a lei exige a criação e a manutenção de um programa e apenas sugere que a nacional lidere esse processo por meio da Secretaria das Mulheres ou até mesmo por instituto independente, ou seja, o programa deve ser presidido por mulheres, o que nos remete à necessidade de quota feminina inclusive na formação da direção partidária, conforme a redação dada pela Lei n. 13.877, de 27 de setembro de 2019 (Brasil, 2019b). Nela, o inciso V do art. 44 determina:

> V – a criação e manutenção de **programas de promoção e difusão da participação política das mulheres**, criados e executados pela Secretaria da Mulher ou, a critério da agremiação, por **instituto com personalidade jurídica própria** presidido pela Secretária da Mulher, em nível nacional, conforme percentual que será fixado pelo órgão nacional de direção partidária, observado o mínimo de 5% (cinco por cento) do total [...]. (Brasil, 1995; 2019b, grifo nosso)

Entretanto, a abrangência do programa deve ter reflexos efetivos em todas as esferas partidárias.

O segundo destaque, ainda por apego à lógica, é que a ausência do recebimento de recurso do Fundo Partidário não afasta a obrigatoriedade de manutenção dos programas destinados às mulheres. Tal regra tem seu desdobramento lógico na exigência de candidaturas femininas válidas a cada pleito, captadas, alistadas, doutrinadas, capacitadas e egressas desses programas. Para tanto, a lei permite a criação de órgão independente, instituído com personalidade jurídica própria, sob o comando da Secretaria da Mulher, isto é, nas esferas descentralizadas, devem ser nomeadas as dirigentes partidárias do sexo feminino. Obviamente, tais cargos devem estar presentes no organograma das nacionais dos partidos, para que possam ser executados os comandos relativos aos referidos programas, prescrições que encontram guarida nas lideranças femininas das demais esferas.

No caso da criação dos "institutos da mulher", o que, na prática, representa um CNPJ distinto, exsurge o dever de prestação de contas em razão da responsabilidade sobre esse novo patrimônio segregado, devendo as gestoras se fazerem representadas em apartado por advogados na ação de prestação de contas do órgão partidário a que estiverem ligadas: "Art. 22 [...] § 2º Na hipótese prevista no § 1º deste artigo, caso seja criado instituto com personalidade jurídica própria, os dirigentes devem constar do processo de prestação de contas e ser representados por advogados" (Brasil, 2019c).

Por fim, pelo fato de a lei ter admitido a utilização de eventuais saldos dessas contas nas campanhas eleitorais especificamente para a aplicação desses recursos em campanhas femininas, é certo que a resolução também passou a permiti-lo.

Art. 22 [...]

[...]

§ 6º Em anos eleitorais, os partidos políticos, em cada esfera, devem destinar ao financiamento de campanhas de suas candidatas no mínimo 30% dos gastos totais contratados nas campanhas eleitorais com recursos do Fundo Partidário, incluídos nesse valor os recursos a que se refere o inciso V do art. 44 da Lei nº 9.096/1995. (Brasil, 2019c)

Com isso, ainda que a resolução disponha da possibilidade de aplicação desses recursos conforme a regra de transição, podemos concluir que tais recursos tardiamente segregados poderão ser aplicados nas eleições, ainda que majorados, podendo compor o mínimo de 30% exigidos para o pleito.

Nesse exato sentido, o texto da EC n. 117/2022 trouxe a regra de anistia processual para os partidos:

Art. 2º Aos partidos políticos que não tenham utilizado os recursos destinados aos programas de promoção e difusão da participação política das mulheres ou cujos valores destinados a essa finalidade não tenham sido reconhecidos pela Justiça Eleitoral é assegurada a utilização desses valores nas eleições subsequentes, vedada a condenação pela Justiça Eleitoral nos processos de prestação de contas de exercícios financeiros anteriores que ainda não tenham transitado em julgado até a data de promulgação desta Emenda Constitucional. (Brasil, 2022a)

A Emenda Constitucional não dispensou a aplicação dos recursos do Programa das Mulheres, tão somente veda a condenação em sede de prestação de contas, devendo o partido aplicar, ainda que tardiamente e de modo majorado, os valores apurados nos anos anteriores.

(3.7)
INADIMPLEMENTO DE GASTOS PARTIDÁRIOS

Em caso de falta de recursos, o gestor poderá buscar apoio entre os colegas de agremiação e os gestores de outros órgãos – logo, do mesmo partido. Nessa situação, busca-se a elaboração de um "termo de acordo para a assunção de obrigações", com a finalidade de concentrar todas as obrigações assumidas. Cabe ao gestor inadimplente providenciar a anuência expressa de cada um dos credores, identificar as obrigações em valores e documentos, anexando também os documentos de origem.

Firmado o acordo entre os órgãos e o credor, o devedor é liberado e deve dar baixa nas obrigações inadimplidas, ao passo que o novo órgão devedor deverá registrar o plano em sua contabilidade e demonstrar a origem dos recursos utilizados para o adimplemento das obrigações, mesmo que parceladamente.

Os recursos do Fundo Partidário não poderão ser utilizados caso o devedor esteja cumprindo pena de suspensão. A Resolução TSE n. 23.604/2019 disciplina, no Capítulo IV – Da Assunção de Obrigações, a forma detalhada do procedimento de assunção de dívida partidária. Conforme o texto normativo:

Art. 23. Órgãos partidários de qualquer esfera podem assumir obrigação de outro órgão, mediante acordo, expressamente formalizado, que deve conter a origem e o valor da obrigação assumida, os dados e a anuência do credor.

*§ 1º Não podem ser utilizados recursos do **Fundo Partidário** para quitação, ainda que parcial, da obrigação se o órgão partidário originalmente responsável estiver impedido de receber recursos daquele Fundo.*

§ 2º O disposto no § 1º não impede que os órgãos partidários de qualquer esfera assumam obrigação de outro órgão mediante a utilização de outros recursos.

§ 3º A cópia do documento que deu origem à obrigação assumida deve ser anexada ao acordo.

*§ 4º O acordo de que trata o caput deve ser firmado pelos representantes dos respectivos órgãos partidários **e pelo credor**.*

§ 5º Os órgãos partidários de que trata o caput devem registrar em suas escriturações os efeitos contábeis resultantes da referida operação.

§ 6º Celebrado o acordo para a assunção da dívida, o órgão devedor originário fica desobrigado de qualquer responsabilidade e deve proceder à liquidação do respectivo registro contábil em seu passivo. (Brasil 2019c, grifo nosso)

Transcrevemos o artigo citado porque ele reproduz um verdadeiro roteiro para a celebração do termo de acordo de assunção de dívidas do partido por qualquer outro órgão.

(3.8)
Débitos de campanha

Os débitos de campanha seguem rito semelhante. O gestor partidário local (da circunscrição do pleito) poderá socorrer eventual dívida de candidato. Para tanto, há um regramento muito semelhante ao acordo de assunção de dívida do partido, descrito na seção anterior.

Quanto aos débitos de campanha não quitados, estes poderão ser assumidos pelo partido político local, mediante decisão de seu órgão nacional de direção partidária, observados os critérios previstos no art. 23 da Resolução TSE n. 23.604/2019, bem como no art. 33 da Resolução TSE n. 23.607, de 17 de dezembro de 2019 (Brasil, 2019e), obrigatoriamente identificada a origem da dívida, seu valor e a anuência expressa do credor.

Além disso, o gestor partidário deve assegurar-se para que, na arrecadação de recursos para o pagamento de débitos de campanha eleitoral, quando identificado o doador, os valores transitem pela conta bancária de doações para campanha de que trata o inciso II do art. 6º da Resolução TSE n. 23.604/2019, bem como para que a doação esteja sujeita aos limites e às vedações legais.

Por fim, resta saber como são pagos os gastos partidários. O leitor encontrará a resposta no Capítulo 4, a seguir, dedicado à gestão partidária, especificamente nas operações de tesouraria, em pagamentos.

Síntese

Neste capítulo, abordamos os atos de gestão partidária em matéria financeira relativos aos gastos partidários, bem como sua vinculação constitucional e legal. Com isso, evidenciamos que as finalidades constitucionais são mais amplas e as finalidades legais são específicas.

Ademais, destacamos que poderá ocorrer o indesejável "desvio de finalidade", o que impõe um severo controle à aplicação dos recursos conforme a finalidade. E, como procedimento capaz de garantir a lisura, analisamos a necessidade da produção de documentos e informações capazes de atender à materialidade e, com isso, servir de comprovação dos atos que podem ser inqueridos.

Em seguida, discutimos sobre os principais gastos partidários: gastos de pequeno vulto; gastos com a doutrinação e educação política; despesas com pessoal; o possível ressarcimento de gastos realizados por dirigentes. O destaque foi para o Programa das Mulheres.

Por fim, examinamos a situação de eventual não pagamento (inadimplemento) de gastos partidários, no que podem ser incluídos, também, os débitos de campanha.

Questões para revisão

1. Os tipos de vinculação a que os recursos partidários estão sujeitos abrangem:
   a) a constitucional e a legal
   b) a programática, apenas.
   c) a constitucional e a programática.
   d) a constitucional, apenas.
   e) a constitucional, a legal e a programática.

2. Quanto à vedação expressa à utilização do Fundo Partidário, analise as opções a seguir e marque V para as verdadeiras e F para as falsas:
   ( ) Quitação de multas relativas a atos infracionais.
   ( ) Custeio de impulsionamento.
   ( ) Ilícitos penais, administrativos ou eleitorais.

( ) Quitação de encargos decorrentes de inadimplência de pagamentos.

( ) Quitação de multa de mora, atualização monetária ou juros.

3. São gastos partidários os recursos financeiros aplicados nos objetivos programáticos:
   a) propaganda institucional; alistamento; doutrinação; e educação política (instituto ou fundação).
   b) participação política das mulheres; pré-campanha.
   c) processo de seleção; divulgação e escolha.
   d) campanha; deferência aos quadros (eleitos e personalidades).
   e) todas as anteriores.

4. O que difere os débitos de campanha dos débitos partidários?

5. Os recursos públicos que transitam pelo partido, entidade privada, estão dispensados da transparência que é exigida da Administração Pública? Explique.

Questões para reflexão

1. A autonomia partidária poderá ser alegada com relação à eventual irregularidade relacionada à aplicação de recursos com desvio de finalidade? Explique.

2. Existe alguma vinculação com relação aos recursos partidários obtidos de fontes privadas? Comente.

CAPÍTULO 4
Gestão partidária

Conteúdos do capítulo

- Funcionamento interno dos partidos políticos quanto às finanças.
- Profissionalização das tarefas do tesoureiro.
- Controle das contas bancárias dos partidos e segregação por finalidade.
- Recebimentos, pagamentos e recibos como atos financeiros.
- Contabilidade dos partidos, escrituração contábil.
- Classificação do Código Civil e a lei de regência *versus* norma técnica específica.
- Demonstrações contábeis, fiscalização e transparência.
- Regularidade e comprovação.

Após o estudo deste capítulo, você será capaz de:

1. entender o funcionamento interno dos partidos;
2. compreender as responsabilidades quando da realização dos atos de gestão partidária;
3. identificar a atuação de tesoureiros e profissionais da contabilidade, bem como a necessidade de profissionalização das equipes.

(4.1)
FUNCIONAMENTO INTERNO DOS PARTIDOS POLÍTICOS

Não importa o tamanho do partido político, o processo de administração compreenderá várias etapas, e elas são necessárias em razão da limitação dos recursos do partido, estejam eles sob a forma de dinheiro em espécie, de bens, de direitos, de trabalho voluntário ou do próprio tempo dos gestores envolvidos. Na gestão moderna, para se aperfeiçoar a aplicação dos recursos disponíveis, são essenciais os instrumentos de gestão relativos às funções gerenciais de planejamento, de organização, de execução e de controle, que necessitam atender às expectativas da sociedade, como:

- plano de contas;
- demonstrações contábeis;
- gestão contábil;
- prestação de contas;
- controle interno e auditoria.

O destaque é para a gestão contábil, que se inicia com a responsabilidade sobre o ingresso da receita partidária, a qual, como visto, é um conjunto de recursos destinados à agremiação política e que podem estar maculados pela presença de fontes vedadas ou pela origem não identificada. De outro lado, está o gasto partidário, em que a liberdade do gestor é mitigada e dirigida entre as necessidades urgentes da manutenção da estrutura operacional e as de expansão político-doutrinária, sempre em busca do voto.

Ambos, receita e gasto, são marcados pela finalidade partidária, ou seja, pelo financiamento partidário, como instituições democráticas no contexto da organização e manutenção do Estado democrático de direito. Nesse sentido, a gestão do patrimônio dos partidos políticos deve ocupar-se em melhor comprovar a regularidade de seus atos, servindo-se da *expertise* da ciência contábil, oportunizada pela presença do profissional da contabilidade. Assim, compete ao gestor partidário a manutenção da regularidade de suas funções, promovendo os atos de constituição de diretórios ou a manutenção das comissões provisórias, que em tudo se assemelham ao diretório, exceto em sua forma de constituição jurídica. Essa manutenção, atualmente, está ligada ao dever de transparência, alcançado por meio das prestações de contas, que, por sua vez, são elaboradas durante a gestão pela atuação da contabilidade e que, em caso de ausência, podem levar à extinção do partido na localidade.

Levando em conta esses aspectos, os gestores devem cumprir as obrigações civis e as obrigações eleitorais, conforme prevê a resolução partidária – Resolução TSE n. 23.604, de 17 de dezembro de 2019 – em seus artigos preliminares.

*Art. 2º Os partidos políticos, pessoas jurídicas de direito privado, e seus dirigentes sujeitam-se, no que se refere a finanças, contabilidade e prestação de contas, à Justiça Eleitoral, às disposições estabelecidas na Constituição Federal; na Lei nº 9.096, de 19 de setembro de 1995; na Lei nº 9.504, de 30 de setembro de 1997; na Lei nº 12.527, de 18 de novembro de 2011; nesta resolução; **nas normas brasileiras de contabilidade emitidas pelo Conselho Federal de Contabilidade (CFC);** e em outras normas expedidas pelo Tribunal Superior Eleitoral (TSE).*

Parágrafo único. As disposições desta resolução não desobrigam o partido político e seus dirigentes do cumprimento de outras obrigações principais e acessórias, de natureza administrativa, civil, fiscal ou tributária, previstas na legislação vigente. (Brasil, 2019c, grifo nosso)

Em linhas gerais, a gestão partidária tem seu liame previsto no art. 4º[1] da resolução partidária. Leia-se:

> Art. 4º *Os partidos políticos, em todos os níveis de direção, devem:*
>
> *I – inscrever-se no Cadastro Nacional de Pessoa Jurídica (CNPJ);*
>
> *II – proceder à movimentação financeira exclusivamente em contas bancárias distintas, observada a segregação de recursos conforme a natureza da receita, nos termos do art. 6º;*
>
> *III – realizar gastos em conformidade com o disposto nesta resolução e na legislação aplicável;*
>
> *IV –* **manter escrituração contábil digital***, observado o disposto no art. 25 desta resolução, sob a* **responsabilidade de profissional de contabilidade habilitado***, que permita a aferição da origem de suas receitas e a destinação de seus gastos, bem como de sua situação patrimonial; e*
>
> *V – remeter à Justiça Eleitoral, nos prazos estabelecidos nesta resolução, a* **prestação de contas anual***, para que se dê ampla publicidade.* (Brasil, 2019c, grifo nosso)

A resolução partidária estabelece, em seu art. 3º, que, em atenção à autonomia partidária, a liberdade para as agremiações instituírem, em seus estatutos, regras próprias – as quais são voltadas às finanças e à contabilidade, desde que não resultem em atos que sejam contrários à lei e ao próprio estatuto.

> Art. 3º *Os estatutos de partidos políticos devem conter disposições que tratem, especificamente, das seguintes matérias:*

---

1 Mantivemos a ordem dos incisos do art. 4º para facilitar a estruturação lógica da presente obra.

I – finanças e contabilidade, estabelecendo, inclusive, normas que fixem os limites das contribuições dos filiados e que definam as diversas fontes de receita do partido;

II – critérios de distribuição dos recursos do Fundo Partidário entre os órgãos de âmbito nacional, estadual ou distrital, municipal e zonal;

III – critérios de integridade aplicados à gestão de finanças e contabilidade dos partidos políticos. (Brasil, 2019c)

Nesse contexto, tal tarefa é reservada à esfera nacional dos partidos, ainda que seja exposta democraticamente ao crivo dos filiados por meio de debates e de votações.

Serão pertinentes e esperadas as normas partidárias (internas/estatutárias) que regulem:

- as contribuições dos filiados (ordinárias ou extraordinárias), sua forma de incidência e, principalmente, as consequências pelo inadimplemento;
- a definição e o regramento para as diversas fontes de financiamento, a exemplo das atividades arrecadatórias, possíveis apenas com recursos partidários, com vendas e com serviços;
- o critério de distribuição dos fundos partidário e eleitoral;
- as regras de conformidade legal (*compliance*) sobre finanças e contabilidade.

Essas disposições estão em sintonia com a Lei n. 9.096, de 19 de setembro de 1995, em seu art. 15, a qual determina, entre outros aspectos, que:

Art. 15. O Estatuto do partido deve conter [...]:

[...]

VII – *finanças e contabilidade, estabelecendo, inclusive, normas que os habilitem a apurar as quantias que os seus candidatos possam despender com a própria eleição, que fixem os limites das contribuições dos filiados e definam as diversas fontes de receita do partido, além daquelas previstas nesta Lei;*

VIII – *critérios de distribuição dos recursos do Fundo Partidário entre os órgãos de nível municipal, estadual e nacional que compõem o partido;*

IX – *procedimento de reforma do programa e do estatuto.* (Brasil, 1995)

Podemos concluir que a elaboração dos estatutos partidários é livre, dentro dos parâmetros legais e constitucionais; com isso, as normas partidárias, no que diz respeito à mantéria financeira, são "lei entre as partes" e devem ser respeitadas em suas especificidades. Por outro lado, tanto as normas específicas quanto as gerais devem estar em conformidade com as leis e com a Constituição Federal.

4.1.1 Finanças

A gestão financeira partidária consiste na constante e reiterada prática de atos financeiros ligados à arrecadação de recursos (receitas partidárias) e à aplicação desses recuros (gastos partidários). Nessa dinâmica, deve o gestor observar a disponibilidade de recursos, para, somente então, dispor sobre sua aplicação, nessa ordem, uma vez que o endividamento é forma de financiamento com regramento específico. Na matéria financeira estão incluídos os esforços para a obtenção desses recursos (financiamento), sua movimentação com a produção de informações precisas e completas (atos de gestão), que serão seguidos do necessário registro contábil (documentação), oportuno e tempestivo, e, ainda, considerada sua entrega ou disponibilização formal (transparência).

É o que podemos constatar nos cinco pontos regulamentados e elencados no art. 4º da resolução partidária:

Art. 4º Os partidos políticos, em todos os níveis de direção, devem:

I – inscrever-se no Cadastro Nacional de Pessoa Jurídica (CNPJ);

*II – proceder à movimentação financeira exclusivamente em contas **bancárias** distintas, observada a segregação de recursos conforme a natureza da receita, nos termos do art. 6º;*

*III – realizar gastos em **conformidade** com o disposto nesta resolução e na legislação aplicável;*

*IV – manter escrituração contábil digital, observado o disposto no art. 25 desta resolução, sob a **responsabilidade de profissional de contabilidade habilitado**, que permita a aferição da origem de suas receitas e a destinação de seus gastos, bem como de sua situação patrimonial; e*

*V – remeter à Justiça Eleitoral, nos prazos estabelecidos nesta resolução, a **prestação de contas** anual, para que se dê ampla **publicidade**.* (Brasil, 2019c, grifo nosso)

Em outras palavras, de maneira sucinta, compete ao gestor:

- manter a regularidade da pessoa jurídica;
- realizar a gestão das receitas nas contas bancárias distintas, na forma da lei;
- realizar os gastos em conformidade material com a regra legal;
- manter a contabilidade;
- dar publicidade à prestação de contas da origem e da destinação dos recursos.

Nessa atividade, o gestor responsável é apoiado diretamente pelo tesoureiro, corresponsável pela gestão dos recursos – daí sua participação nos atos de prestação de contas, figurando no polo passivo da ação de prestação de contas, ao lado do gestor. Além disso, ele tem suporte indireto do profissional da contabilidade que realizará o registro de tudo o que lhe for informado.

A tarefa de gestão financeira deve ser exercida à luz dos **princípios constitucionais de transparência** e do **dever geral de prestação de contas**, que inspiraram o legislador a regulamentar formalmente as condutas aplicáveis aos atos de gestão em matéria financeira. Nessa esteira estão presentes na legislação duas peculiaridades: uma delas alude ao uso obrigatório das contas bancárias distintas e específicas segundo cada uma das finalidades; a outra diz respeito às formas de sua utilização, ou seja, à forma como as contas devem ser movimentadas. Ambas estão pontuadas nos incisos II e III do art. 4º, já transcritos, e impõem uma possível rastreabilidade da origem e do destino dos recursos na utilização dessas contas e em sua ampla divulgação, missão dada à contabilidade nos incisos IV e V do mesmo dispositivo. Nessas práticas, não há hipótese de relativização, pois estão diretamente ligadas à necessidade de transparência na prestação de contas, como uma garantia ao bem jurídico tutelado.

Assim, podemos concluir que, em matéria financeira, são fundamentais tanto a atuação do tesoureiro, pelo importante auxílio direto que esse profissional deve prestar, quanto a do profissional da contabilidade, em razão não só da exigência legal, mas também da *expertise* necessária à obtenção dos resultados pretendidos.

4.1.2 TESOUREIRO

De início, adotaremos o seguinte conceito: o tesoureiro cuida das contas bancárias. Em decorrência dessa assertiva, temos que ele deve:

- saber quais e quantas são as contas bancárias;
- cuidar para oportunização de abertura e encerramento das contas;
- conhecer e aplicar as regras formais de movimentação das contas;
- cuidar da autorização para proceder à movimentação das contas bancárias perante as instituições financeiras, obtendo a necessária procuração com fins específicos[2];
- firmar procuração para sua representação processual.

Profissionalização

Nesse contexto de atuação, podemos afirmar que o tesoureiro não é apenas um cargo figurativo na estrutura administrativa do partido; não é somente um destaque de prestígio político ou de confiança no contexto local: é muito mais do que isso; entretanto, lhe será cobrado um ônus pessoal.

A atuação do tesoureiro requer conhecimentos específicos, bem como a assunção de responsabilidades com a formalização da procuração. Na prática, observamos a profissionalização dessa atividade, ainda que não exista estrutura física, como escritórios ou dependências ou, ainda, outras contratações de pessoal. Tal escolha tem recaído sobre nomes qualificados nos quadros das agremiações partidárias, proporcionando remuneração compatível e a devida

---

2 *Na prática, a procuração deve conter endereço atualizado, o qual deve constar no Requerimento de Abertura de Conta (RAC). Assim, devem ser atualizadas as contas antigas ou preexistentes à eventual alteração na estrutura partidária.*

contratação. A presença do tesoureiro é tão importante quanto a do contador e a do advogado, certo que estes últimos são obrigatórios.

Tarefas do tesoureiro

Responsável pelas contas bancárias, o tesoureiro delas se utiliza para demonstrar a lisura de sua atuação, praticando os atos de gestão em lugar do gestor, a seu mando ou como se ele fosse. Ressaltamos que não há hipótese de independência; ainda que os atos sejam praticados à revelia do gestor partidário, este será sempre responsável.

Além dos procedimentos necessários à efetivação dos pagamentos (pagadoria), é importante a contribuição do tesoureiro para o reconhecimento das receitas. Geridas as contas e sua movimentação, é também o tesoureiro que emitirá os recibos de doação, identificando-se os doadores. Uma vez identificado, cada CPF deve ser avaliado e classificado como uma fonte de financiamento; por conseguinte, estarão vedadas as fontes ilícitas.

Em suma, o fluxo de tarefas do tesoureiro compreende:

- contas bancárias – abertura e encerramento;
- representação ativa e passiva;
- movimentação de receitas e de despesas (doações e gastos);
- registro da receita (emissão dos recibos[3]);
- identificação do doador;
- identificação de fontes vedadas;
- determinação das disponibilidades;
- devolução ou remessa.

---

3   Observados os casos de dispensa de emissão do recibo financeiro.

Identificação dos doadores
A identificação de doadores é a verificação da titularidade de cada CPF ou CNPJ existente na conta bancária, na qualidade de origem do depósito. A identidade do doador deve ser verificada e revelada a partir da conta bancária, a qual produz informações tempestivas e cronológicas. A frequência desse controle deve ser, no mínimo, mensal e, caso haja aumento do volume de doadores, deve ter reduzida sua periodicidade.

Quanto às contribuições dos filiados, o cadastro de filiados é uma importante fonte de informação e de simplificação dessa tarefa, a qual tem sido facilmente apoiada por sistemas eletrônicos que literalmente buscam o cadastro do doador nos sistemas governamentais. A negativa dessa informação revela a existência de um recurso cuja origem não pôde ser identificada.

Podem, ainda, ocorrer doações externas, ou seja, de não filiados. Estas devem ser identificadas para que os recursos possam ser utilizados. Normalmente, há uma aproximação prévia desse doador, que busca a direção partidária para obter as informações bancárias essenciais à efetivação da doação, tal como para requisitar política do prestígio ligado a tal generosidade, o que nos faz lembrar da máxima: "dinheiro não cai do céu e não nasce em árvore".

Verificação de fontes vedadas
A verificação de fontes vedadas é a certificação de que cada CPF ou CNPJ identificado na conta bancária, na qualidade de origem do recurso, não faz parte do rol de fontes vedadas. Por lógica, espera-se que as eventuais doações de fontes vedadas estejam entre as doações externas, ou seja, de não filiados.

Na prática, tal controle pode ser exercido quando da aproximação prévia do doador externo, que, ao buscar a direção partidária para obter as informações bancárias necessárias à efetivação da doação, poderá ser questionado sobre suas atividades, até mesmo por meio do preenchimento de formulário por escrito, firmando sua responsabilidade em informar corretamente sua condição de fonte vedada.

Assim, o controle das fontes vedadas busca identificar a existência de recursos de cuja proveniência seja:

- de pessoas jurídicas;
- de governos estrangeiros;
- de entidades ligadas a governos estrangeiros;
- de pessoas físicas detentoras de cargos públicos de livre nomeação e exoneração, ou cargo ou emprego público temporário, ressalvados os filiados a partido político;
- de pessoas físicas permissionárias de serviços públicos.

Titularidade do doador de recursos estimáveis

A tarefa de verificação da fonte, também, deve ser prévia em relação à emissão dos recibos de doação estimável em dinheiro. Isso porque a doação estimável cuja titularidade seja de terceiros, na prática, assume os mesmos contornos de uma fonte vedada. A exigência normativa é que seja própria do doador:

> Art. 14. O recebimento direto ou indireto dos recursos [...]
>
> [...]
>
> § 2º No caso das doações estimáveis em dinheiro por meio de doação ou cessão temporária de bem que não seja do patrimônio do doador identificado, ou do recebimento de serviços que não sejam produto da atividade do doador, as consequências são apuradas e decididas no momento do **julgamento da prestação de contas.** (Brasil, 2019c, grifo nosso)

É o caso, por exemplo, da cessão de uso de imóvel para a sede do partido, quando o doador – qualquer pessoa – deverá ostentar a titularidade do imóvel, demonstração cujo intuito é evitar o uso de bens de fontes vedadas.

Controle das disponibilidades
A utilização de recursos deverá sempre ser precedida:

- da identificação do doador;
- da verificação da fonte.

Com a finalidade de se demonstrar ao gestor qual é o valor realmente disponível, o controle das disponibilidades é tarefa financeira a cargo do tesoureiro. As consequências da não observação das regras de utilização das contas nos atos de arrecadação (ausência de *compliance*) implicam a inutilidade absoluta dos recursos que não poderão ser utilizados – é o que determina a Resolução n. 23.604/2019: "Art. 8º [...] § 10. As doações financeiras recebidas em desacordo com este artigo não podem ser utilizadas [...]" (Brasil, 2019c).

Nesse sentido, exsurge uma importante tarefa a ser realizada previamente à dinâmica de utilização dos recursos partidários, que pode ser identificada como um controle das disponibilidades. Consequentemente, eventual saldo financeiro na conta corrente ordinária (aquela que recebe as doações e contribuições) não significa disponibilidade para o gasto e exige o processo de verificação da origem e da fonte, sob pena do cometimento de irregularidade classificada com agravante de gravidade.

Art. 8º [...]

[...]

§ 10. As doações financeiras recebidas em desacordo com este artigo **não podem ser utilizadas** e devem, na hipótese de [...] identificação do doador, ser a ele restituídas, até o último dia útil do mês subsequente à efetivação do crédito, ou, se não for possível identificá-lo, devem ser consideradas de origem não identificada e recolhidas ao Tesouro Nacional, na forma prevista no caput do art. 14 desta resolução. (Brasil, 2019c, grifo nosso)

A identificação dos recursos e sua validação são tarefas específicas e necessárias à obtenção do valor das disponibilidades, valor que nem sempre será igual ao do saldo da conta.

Estorno

O estorno é tarefa financeira que, tão logo seja identificada a falha ou a impropriedade na arrecadação, imediatamente deve exigir as providências para sua regularização. Nesse tipo de caso, duas regras foram criadas: em uma cabe restituição ao doador identificado; em outra cabe o recolhimento do valor ao Tesouro Nacional, no prazo regulamentar (útimo dia útil do mês seguinte), a depender das circunstâncias.

A velocidade em se ultimar as providências prescritas demonstrará, no conjunto probatório, o conhecimento e, principalmente, a intenção do gestor em cumprir os regramentos do direito eleitoral não sancionador. Por outro lado, o reconhecimento contábil feito no ato de escrituração é efetivado com base nas informações disponibilizadas pelo gestor e por seu tesoureiro e sempre será tardio em relação à regra de devolução imediata e espontânea.

Ainda que as informações financeiras sejam repisadas no momento de seu reconhecimento contábil, não há responsabilidade do profissional da contabilidade em sua identificação, uma vez que a regra principal da ciência contábil é a segregação entre o ato praticado e seu registro, competindo ao profissonal da contabilidade tão somente o registro à luz do princípio da oportunidade[4]. Daí a orientação para que o registro da receita seja sistemático, conciliado com a conta bancária e submetido ao estorno, também sistemático, necessários em caso de ausência de *compliance*.

Disso, podemos estabelecer o seguinte conceito: a receita eleitoral é condicionada ao aceite da operação.

> **Resolução TSE n. 23.604/2019**
>
> Seção VIII – Das Implicações Decorrentes do Recebimento ou Uso de Recursos de Fonte Vedada ou de Origem Não Identificada
>
> Art. 14. O recebimento direto ou indireto dos recursos previstos no art. 13 sujeita o órgão partidário a recolher o montante ao Tesouro Nacional, por meio de Guia de Recolhimento da União (GRU), **até o último dia útil do mês subsequente à efetivação do crédito em qualquer das contas bancárias de que trata o art. 6º**, sendo vedada a devolução ao doador originário.
>
> § 1º O disposto no caput também se aplica aos recursos provenientes de fontes vedadas que não tenham sido **estornados** no prazo previsto no § 5º do art. 11, os quais devem, nessa hipótese, ser recolhidos ao Tesouro Nacional.
>
> [...]
>
> § 3º O não recolhimento dos recursos no prazo estabelecido neste artigo ou a sua utilização constituem **irregularidade grave** a ser apreciada no julgamento das contas.
>
> § 4º Para o recolhimento previsto no § 1º, não podem ser utilizados recursos do Fundo Partidário.

Fonte: Brasil, 2019b, grifo nosso.

---

4 *O princípio da oportunidade alude, simultaneamente, à tempestividade e à integridade do registro do patrimônio e das suas mutações, determinando que esse registro seja feito de imediato e com a extensão correta, independentemente das causas que o originaram.*

(4.2)
CONTAS BANCÁRIAS DOS PARTIDOS

No contexto de prestações de contas no sistema eleitoral, o elemento *conta bancária* assume um importante destaque, pois, de simples serviço bancário, passa a ser uma verdadeira requisição administrativa. Isso decorre do ato de interferência governamental que almeja franquear os serviços particulares em favor de todos os interessados: a Justiça Eleitoral; o Ministério Público; os candidatos e os partidos; e todos os atores sociais.

Para a Justiça Eleitoral, a requisição de serviços é um procedimento que visa à transparência dos processos, desde a cogitação até a efetiva divulgação da informação financeira. E esse procedimento envolve as finanças da contabilidade eleitoral, seja nas contas partidárias, seja nas contas das campanhas eleitorais. O procedimento de abertura e uso de contas bancárias é previsto em lei e totalmente normatizado nas resoluções, tornando-se um requisito formal no procedimento de tomada de contas. Sem conta bancária transparente, não há lisura. É o que ocorre na desaprovação sumária das contas, quando não apresentam o extrato bancário como verdadeira prova negativa da não movimentação de recursos financeiros, nos casos de **ausência de movimentação**.

4.2.1 SEGREGAÇÃO POR FINALIDADE

A regra geral existente no conjunto de contas bancárias é a segregação pela finalidade e pela fonte dos recursos. Esse princípio é aplicado a todos os tipos de contas e determina a distinção em contas, separadas e específicas, para a movimentação dos recursos públicos e, ao mesmo tempo, faz distinção dos recursos privados, vedando a transferência entre essas contas. Vejamos o teor do art. 6º da Resolução TSE n. 23.604/2019:

Art. 6º Os partidos políticos, nos termos dos parágrafos deste artigo, devem abrir contas bancárias para a movimentação financeira das receitas de acordo com a sua origem, destinando contas bancárias específicas para a movimentação dos recursos provenientes:

I – do Fundo Partidário, previstos no inciso I do art. 5º;

II – da conta "Doações para Campanha", previstos no inciso IV do art. 5º;

III – da conta "Outros Recursos", previstos nos incisos II, III e V do art. 5º;

IV – dos destinados ao programa de promoção e difusão da participação política das mulheres (art. 44, V, da Lei nº 9.096/95);

V – do FEFC, previstos no inciso VIII do art. 5º. (Brasil, 2019c)

Para as esferas partidárias estaduais, municipais, zonais e comissões provisórias, a exigência de abertura de conta específica para movimentar os recursos previstos na normativa somente se aplica quando receberem, direta ou indiretamente, recursos do gênero/espécie – a exceção é a conta **Doações para Campanha**, que é perene.

A seguir, apresentaremos cada uma das contas bancárias.

4.2.2 Conta bancária de doações para campanha

Essa conta é permanente no patrimônio dos partidos, logo não deve ser encerrada. É por meio dela que o partido permanece apto a receber as doações marcadas com a finalidade eleitoral em qualquer ano, eleitoral ou não.

4.2.3 Conta bancária do Fundo Partidário

Trata-se de uma conta bancária obrigatória. A Lei n. 9.096/1995, em seu art. 43, exige a abertura de uma conta bancária separada e específica (segregada) para depósito e movimentação: "Os depósitos e movimentações dos recursos oriundos do Fundo Partidário serão feitos em estabelecimentos bancários controlados pelo Poder Público Federal, pelo Poder Público Estadual ou, inexistindo estes, no banco escolhido pelo órgão diretivo do partido" (Brasil, 1995).

A segregação é, portanto, um comando legal subentendido; ocorre ao se exigir a utilização de bancos "públicos" para a estruturação dessas operações. Vale lembrar que é o administrador partidário que atribuirá essa função à conta bancária, nunca o banco, embora o requerimento de abertura possa indicar tal função no pedido.

Na prática, a exigência recai sobre o gestor, qual seja, manter aberta essa conta com a função de **demonstrar, escriturar** e **acumular**, de modo segregado, os recursos marcados pela finalidade institucional. Em outras palavras, o partido deve manter aberta essa conta com fim eleitoral, dentro do patrimônio partidário, cuja finalidade geral é institucional.

Por outro lado, para participar da eleição, essa conta bancária será preexistente na estrutura operacional do partido (patrimônio – ativo circulante). E isso resulta da obrigatoriedade de sua abertura e manutenção como regra formal advinda do princípio da transparência. Não obstante essa regra de obrigatoriedade de abertura, poderá ocorrer, ao arrepio da lei, que uma esfera partidária nunca tenha movimentado recursos dessa natureza e, nesse caso, ainda não teria aberto a conta do Fundo Partidário.

Por fim, na prática, o tópico *contas bancárias* apresenta dificuldade de compreensão para os gestores partidários menos experimentados e para aqueles que se dedicam somente às eleições.

4.2.4 Conta bancária "Outros Recursos"

Essa é a conta movimento dos partidos, destinada à arrecadação de contribuições e de doações. Trata-se da conta principal para aqueles que não recebem o Fundo Partidário, fato que ocorre principalmente nas esferas municipais.

4.2.5 Conta bancária do Fundo de Financiamento (FEFC)

Essa conta é sazonal: só existe durante o período eleitoral; logo, findo esse período, será encerrada obrigatoriamente, e seu eventual saldo será devolvido ao Tesouro Nacional, voluntariamente pelo partido, compulsoriamente pelo banco, em cumprimento às regras e aos atos de requisição administrativa.

4.2.6 Conta bancária do Programa das Mulheres

Essa é uma conta bancária destinada à movimentação dos recursos segregados em favor do Programa das Mulheres, cuja finalidade é a execução "coordenada pela nacional", que visa ao incentivo da participação feminina. Assim, pode ocorrer execução do programa de maneira centralizada, sem repasse de recursos, ou descentralizada, com repasse de recursos. A forma adotada pelo partido deve estar no estatuto. No silêncio, vale a regra dos 5% e do mínimo de 30% do repasse dos recursos em favor das mulheres nas eleições[5], se o partido tiver acesso ao Fundo Partidário. Logo, a conta bancária é vinculada ao recebimento de recurso do Fundo Partidário.

---

5   Com a EC 117/2022, identificamos a necessidade de segregação em conta bancária específica do mínimo de 30% do Fundo Partidário em favor das mulheres candidatas. Tema que ainda depende de regulamentação pela justiça eleitoral.

4.2.7 Movimentação nas campanhas eleitorais

A resolução eleitoral – Resolução TSE n. 23.607, de 17 de setembro de 2019 (Brasil, 2019e) – determina que, quando em campanha, as aplicações[6] serão disparadas diretamente dessa conta, **sem que seja obrigatória a transferência para outra qualquer.** Observe: "Art. 9º Na hipótese de repasse de recursos [...]: § 1º O partido político que aplicar recursos do Fundo Partidário na campanha eleitoral deve fazer a movimentação financeira diretamente na conta bancária estabelecida no art. 43 da Lei nº 9.096/1995" (Brasil, 2019e).

Entretanto, em campanha, a transferência poderá ocorrer de maneira **voluntária e facultativa,** sempre para uma conta de mesma natureza, a ser providenciada para compor o conjunto de contas do candidato (patrimônio eleitoral – ativo circulante).

É vedada a transferência para outra conta na estrutura do mesmo partido, conforme a Resolução TSE n. 23.607/2019, pelo teor do que estabelece o parágrafo 1º do art. 9º. Importa lembrar que, em muitas localidades, nos partidos, ainda não existe a experiência de gestão e uso de **recursos públicos** e, com isso, não há o conhecimento das regras de aplicação, fato que pode comprometer a qualidade da prestação de contas eleitoral do partido (PCE). Contudo, não há, na resolução eleitoral, orientação para que o partido conheça e cumpra as regras específicas de uso do Fundo Partidário.

4.2.8 Abertura de contas

Abertura de contas é procedimento de interesse do tesoureiro, em razão da necessidade de juntada do instrumento de procuração que

---

6   Aplicação é um gasto direto *pela tesouraria do partido ou uma transferência para a conta de um candidato.*

contenha autorização para sua movimentação. Como contém inúmeros e importantes detalhes, vejamos os dispositivos da resolução partidária sobre o tema:

Art. 6º [...]

[...]

§ 10. Sem prejuízo da exigência de outros documentos previstos em regulamentação específica do BCB, a abertura das contas bancárias de que trata o caput deve ser requerida pelo partido na instituição financeira com a apresentação dos seguintes documentos e informações:

I – requerimento de Abertura de Conta Bancária (RAC), disponível na página do TSE na internet;

II – comprovante da respectiva inscrição no CNPJ da Receita Federal do Brasil (RFB), a ser impresso mediante consulta à página do órgão na internet;

III – certidão de composição partidária, disponível na página do TSE na Internet;

IV – nome dos responsáveis pela movimentação da conta bancária e endereço atualizado do órgão partidário e dos seus dirigentes.

Art. 7º As contas bancárias somente podem receber doações ou contribuições com identificação do respectivo número de inscrição no Cadastro de Pessoas Físicas (CPF) do doador ou do contribuinte ou no CNPJ, no caso de recursos provenientes de outro partido político ou de candidatos.

§ 1º Para arrecadar recursos pela internet, o partido político deve tornar disponível mecanismo em página eletrônica que permita o uso de cartão

de crédito, cartão de débito, emissão on-line de boleto bancário ou, ainda, convênios de débitos em conta, observados os seguintes requisitos:

I – identificação do doador pelo nome e pelo CPF;

II – emissão de recibo para cada doação auferida, dispensada a assinatura do doador;

§ 2º As doações por meio de cartão de crédito ou cartão de débito somente são admitidas quando realizadas pelo titular do cartão e deverão ser realizadas com a utilização de terminal de captura de transações.

§ 3º Eventuais estornos, desistências ou não confirmação da despesa do cartão devem ser informados pela respectiva administradora ao beneficiário e à Justiça Eleitoral.

§ 4º A emissão de boleto on-line deverá observar os seguintes requisitos:

I – somente o doador poderá figurar como pagador do boleto, devendo constar do boleto a identificação do seu nome e número de inscrição no Cadastro de Pessoas Físicas (CPF) ou, quando se tratar de partido político ou candidato, no Cadastro Nacional da Pessoa Jurídica (CNPJ);

II – somente o órgão do partido político poderá figurar como beneficiário, devendo constar do boleto o seu nome, endereço e número de inscrição no CNPJ;

III – deverão constar do boleto o valor do pagamento e a data de vencimento;

IV – o boleto bancário somente poderá ser pago até a data do seu vencimento, não sendo admitida a cobrança de juros ou multa por atraso, sem prejuízo de o doador solicitar a emissão de novo boleto; e

V – *a quitação do boleto bancário não poderá ser realizada em espécie quando o seu valor for igual ou superior à R$ 1.064,10 (mil e sessenta e quatro reais e dez centavos).* (Brasil, 2019c)

4.2.9 Resumo geral

São características das contas bancárias:

- obrigatoriedade – ferramenta de transparência;
- transparência – origem e destino;
- segregação – técnica de auditoria.

A segregação das contas segue o critério de segregação das receitas em razão da finalidade. A divisão é feita em dois grupos:

1. Institucional (finalidade constitucional do partido):
   - outros recursos ou recursos ordinários;
   - Fundo Partidário (art. 43, Lei n. 9.096/1995);
   - segregação – mulheres;
   - segregação – negros.
2. Eleitoral:
   - doações para campanha.
   - Fundo Eleitoral.

(4.3) Recebimentos

Essa operação é uma das rígidas regras tuteladas pela lei e por resolução. Doação é a relação jurídica civil de natureza patrimonial (bens ou vantagens) e se expressa de modo contratual, exigindo liberalidade do doador e aceitação do donatário. Assim, de um lado, há um doador e, de outro, há o partido beneficiário; logo, a doação financeira eleitoral opera na esfera da arrecadação de recursos e se aperfeiçoa com a entrega do valor financeiro, mediante recibo e aceitação do donatário.

As doações financeiras realizadas ao partido político podem ser feitas diretamente aos órgãos de direção nacional, estadual ou distrital, municipal e zonal. Nesses casos, alguém entregará dinheiro em favor do partido. E tal entrega necessariamente deve ocorrer por meio da utilização de contas bancárias – essa é a regra.

As doações de recursos financeiros aos partidos devem ser, obrigatoriamente, efetuadas por uma das formas admitidas:

- depósito bancário diretamente na conta do partido político;
- cheque cruzado em nome do partido político;
- transferência eletrônica (inclui o PIX);
- mecanismo disponível em sítio do partido na internet que permita o uso de cartão de crédito, cartão de débito;
- emissão *on-line* de boleto bancário;
- convênios de débitos em conta; e
- outras modalidades, desde que atendam aos requisitos previstos no art. 7º, parágrafo 1º, da resolução partidária, a seguir transcrito:

Art. 7º [...]

*§ 1º Para arrecadar recursos pela internet, o partido político deve tornar disponível mecanismo em **página eletrônica** que permita o uso de cartão de crédito, cartão de débito, emissão on-line de boleto bancário ou, ainda, convênios de débitos em conta, observados os seguintes requisitos:*

I – identificação do doador pelo nome e pelo CPF;

II – emissão de recibo para cada doação auferida, dispensada a assinatura do doador. (Brasil, 2019c, grifo nosso)

O depósito bancário simboliza todas as operações de doação financeira, daí eventual confusão. O depósito bancário pode ser efetivado por qualquer meio de transação bancária, desde que identificado obrigatoriamente o CPF do doador ou o CNPJ, no caso de partidos políticos ou candidatos. O depósito bancário é realizado conforme sua destinação:

- na conta "Doações para Campanha" para a eleição; ou
- na conta "Outros Recursos" para a gestão do partido.

Entretanto, a modalidade de depósito em conta é limitada ao valor de R$ 1.064,10. Acima desse valor, as doações só poderão ser realizadas mediante transferência eletrônica entre as contas bancárias do doador e do beneficiário da doação ou do cheque cruzado e nominal.

Ordem cronológica é a obrigação de registro contábil na prestação de contas **de modo concomitante** à sua realização nas contas bancárias, com a inclusão da respectiva documentação comprobatória. Além disso, anualmente, deve-se remeter, à Justiça Eleitoral e aos órgãos hierarquicamente superiores do partido, o **demonstrativo de seu recebimento e da respectiva destinação**, acompanhado do balanço contábil, com finalidade de consolidação (art. 39, § 1º, Lei n. 9.096/1995).

As doações financeiras recebidas em desacordo com a regra não podem ser utilizadas e devem:

- se for possível identificar o doador, ser a ele restituídas, até o último dia útil do mês subsequente à efetivação do crédito;
- se não for possível identificar o doador, ser consideradas de origem não identificada e recolhidas ao Tesouro Nacional (art. 14, Resolução TSE n. 23.604/2019).

(4.4)
Pagamento

Pagamento é forma de extinção voluntária de obrigação debitória em uma relação jurídica antes estabelecida. No caso, o gestor partidário determina, deliberando à tesouraria, que se proceda ao pagamento da obrigação por ele assumida anteriormente.

Os gastos devem ser pagos mediante **emissão de cheque nominativo cruzado** ou transação bancária que identifique o CPF ou o CNPJ do beneficiário, ressalvados os pagamentos de gastos de pequeno vulto.

Naturalmente, um pagamento pode envolver mais de uma operação, extinguindo várias obrigações com o mesmo beneficiário pessoa física ou jurídica.

Vale ressaltar que **gastos de pequeno vulto** são aqueles cujo valor individual não ultrapasse R$ 400,00, sendo vedado seu fracionamento e exigida a comprovação de cada um desses gastos.

A soma das despesas de pequeno vulto não pode superar 2% do total dos gastos verificados no exercício anterior, limitando a R$ 5.000,00 o fundo fixo de caixa de pequenas despesas, sendo a recomposição limitada a esse valor. No ano, ela não pode ultrapassar aquele teto de 2% da despesa anterior.

(4.5)
Recibos de doação

Por fim, os recibos de doação são atos financeiros e devem observar o disposto no art. 11 da resolução partidária:

> *Art. 11. Os órgãos partidários de qualquer esfera devem emitir, no prazo máximo de 5 (cinco) dias contados do crédito na conta bancária, recibo de doação para:*

I – as doações recebidas de pessoas físicas;

II – as transferências financeiras ou as estimáveis em dinheiro realizadas entre partidos políticos distintos, com a identificação do doador originário;

III – as transferências financeiras ou as estimáveis em dinheiro realizadas entre níveis de direção partidária do mesmo partido político, com a identificação do doador originário;

IV – as transferências financeiras de recursos do Fundo Partidário realizadas entre partidos distintos ou entre níveis de direção do mesmo partido, dispensada a identificação do doador originário.

§ 1º Os recibos devem ser numerados, por partido político, em ordem sequencial e devem ser emitidos na página do TSE na internet.

§ 2º A obrigação de emissão de recibos prevista no caput é dispensada, sem prejuízo de os respectivos valores serem devidamente registrados pelo partido político, nas seguintes hipóteses:

I – transferências realizadas entre as contas bancárias de um mesmo órgão partidário;

II – créditos em conta bancária decorrentes da transferência da sobra financeira de campanha de candidatos;

III – transferências realizadas entre o órgão nacional do partido e a sua fundação ou instituto;

IV – contribuições para a manutenção do partido realizadas por filiados mediante depósito bancário devidamente identificado, até o valor de R$ 200,00 (duzentos reais) por mês.

§ 3º Na hipótese prevista no inciso IV do § 2º:

I – o comprovante de depósito bancário identificado vale, para o filiado, como recibo de doação; e

II – os bancos devem identificar o doador no extrato bancário, na forma do § 7º do art. 6º.

§ 4º Os limites de doação para campanha eleitoral devem constar do modelo do recibo de doação, com a advertência de que a doação destinada às campanhas eleitorais acima de tais limites pode gerar a aplicação de multa de até 100% (cem por cento) da quantia em excesso.

§ 5º Os partidos políticos podem recusar doação identificável que seja creditada em suas contas bancárias indevidamente, promovendo o estorno do valor para o doador identificado até o último dia útil do mês subsequente à efetivação do crédito, ressalvado o disposto no art. 13.

§ 6º Na hipótese do § 5º ou quando verificado erro, o partido político deve promover o cancelamento do respectivo recibo e, conforme o caso, emitir um novo para o ajuste dos dados, especificando a operação em nota explicativa no momento da apresentação da prestação de contas.

§ 7º Eventuais divergências entre o valor estimado da doação ou da cessão temporária podem ser verificadas na fase de diligências da análise da prestação de contas. (Brasil, 2019c)

(4.6)
CONTABILIDADE DOS PARTIDOS

Neste trabalho, o termo *contabilidade* é adotado para designar a melhor técnica para os registros e as boas práticas contábeis relativas à arrecadação e aos gastos dos recursos partidários disponíveis para a atuação do dirigente partidário na rotina diária e no contexto eleitoral, objetivando a melhor demonstração da gestão do patrimônio dos partidos políticos, no deslinde da origem e do destino desses recursos.

4.6.1 Dever de escrituração contábil

A realidade dos partidos no Brasil já foi muito diferente do que temos hoje. Desde 1965, a Lei n. 4.740, de 15 de julho de 1965 (Brasil, 1965), também conhecida como Lei Orgânica dos Partidos Políticos (LOPP), situava o partido em um sistema constitucional de responsabilização afeto à administração da coisa pública. Com isso, seus gestores estavam sujeitos às regras administrativas de tomada de contas, próprias da Administração Pública, e a regras contábeis, muito pouco conhecidas fora do ambiente da administração: "Art. 2º Os partidos políticos, **pessoas jurídicas de direito público** interno, destinam-se a assegurar, no interesse do regime democrático, a autenticidade do sistema representativo" (Brasil, 1965, grifo nosso).

Em 1995, exsurge no ordenamento a Lei n. 9.096/1995 para dispor sobre os partidos políticos de modo amplo, regulamentando os arts. 17 e 14, parágrafo 3º, inciso V, da Constituição Federal de 1988. A lei partidária, então, determinou a obrigatoriedade de escrituração contábil. É o que se vê em seu art. 30, o qual inaugura o Título III, que é dedicado às finanças e à contabilidade dos partidos políticos: "Art. 30. O partido político, através de seus órgãos nacionais, regionais e municipais, **deve manter escrituração contábil**, de forma a permitir o conhecimento da origem de suas receitas e a destinação de suas despesas" (Brasil, 1995, grifo nosso).

A inovação legislativa encerrou a fase anterior, sem, contudo, descrever o regramento especial, na totalidade das normas necessárias ao registro contábil dos partidos políticos. Estes, sem alternativa, apoiaram-se em regras gerais. Houve, portanto, um hiato de especificidades jurídico-contábil, e isso foi assim porque o partido ocupa uma condição especial na lei civil, cuja classificação requer algum estudo.

4.6.2 Classificação do Código Civil

As pessoas jurídicas são classificadas em dois grupos: as de direito público e as de direito privado. O partido migrou da primeira figura para a segunda. Com relação às pessoas jurídicas de direito privado, o Código Civil, Lei n. 10.406, de 10 de janeiro de 2002 (Brasil, 2002), enumerou-as no art. 44, determinando que são pessoas jurídicas de direito privado as associações, as sociedades, as fundações, as organizações religiosas, os partidos políticos e a Empresa Individual de Responsabilidade Limitada (Eireli):

Art. 44. São pessoas jurídicas de direito privado:

I – as associações;

II – as sociedades;

III – as fundações;

IV – as organizações religiosas; (Incluído Lei nº 10.825, de 22.12.2003)

V – os partidos políticos; (Incluído pela Lei nº 10.825, de 22.12.2003)

VI – as empresas individuais de responsabilidade limitada. (Incluído pela Lei nº 12.441, de 2011). (Brasil, 2002)

Com isso, podemos afirmar que o partido político é uma das formas de organização das pessoas jurídicas e está classificado entre as espécies de pessoas regidas pelo direito privado, diferenciadas, segregadas, por suas atividades, consoante estabelece o inciso V do art. 44 mencionado.

Note-se que as sociedades são segregadas das demais pessoas jurídicas de direito privado por terem finalidade de lucros (empresa). No mesmo sentido, a distinção das fundações é a destinação de um patrimônio para determinada finalidade social, patrimônio a que se atribui personalidade jurídica e que é administrado por órgãos distintos. Nas organizações religiosas, a distinção vem pela finalidade especial que lhes garante a proteção constitucional no Estado laico. Elas poderiam estar contidas no inciso I do art. 44, visto que também representam a associação de pessoas, porém, o parágrafo 1º do mesmo dispositivo assim estabelece: "Art. 44. [...] § 1º São livres a criação, a organização, a estruturação interna e o funcionamento das **organizações religiosas**, sendo vedado ao poder público negar-lhes reconhecimento ou registro dos atos constitutivos e necessários ao seu funcionamento" (Brasil, 2002, grifo nosso).

Por conclusão, o partido político também é uma atividade segregada no direito privado, diferenciada por sua **finalidade social**, de índole constitucional e regulamentada por lei específica: "Art. 44 [...] § 3º Os partidos políticos serão organizados e funcionarão conforme o disposto em lei específica. (Incluído pela Lei n. 10.825/2003)" (Brasil, 2002).

É nesse exato sentido que extraímos as seguintes assertivas do *Manual de procedimentos para o terceiro setor – aspectos de gestão e de contabilidade para entidades de interesse social* (França et al., 2015, p. 26, grifo nosso):

> *Quanto aos partidos políticos, a alteração veio para deixar expressa na norma civil acréscimo já realizado com o advento da Constituição de 5/10/1988, que, nos termos do § 2º do Art. 17, estabeleceu esta organização como pessoa jurídica de direito privado, mesmo porque esse tipo*

de *organização regida, especificamente, pela Lei n. 9.096/1995* é *de fundamental importância na vida da Nação, uma vez que, por meio dela, os cidadãos exercitam a ação político-partidária e assegura-se a autenticidade do sistema representativo.*

Outra característica que está no Código Civil concerne à regulamentação necessária. O legislador criou regras contábeis diretamente no texto do Código Civil. De maneira distinta e específica, temos o Livro II da Parte Especial para tratar do Direito de Empresa: "Art. 44 [...] § 2º As disposições concernentes às associações aplicam-se subsidiariamente às **sociedades** que são objeto do Livro II da Parte Especial deste Código. (Incluído pela Lei n. 10.825/2003)" (Brasil, 2002, grifo nosso). Como exemplo desse comando, citamos a imposição de escrituração contábil para as sociedades, prevista no art. 1.179, a seguir transcrito:

*Art. 1.179. O empresário e a **sociedade empresária são obrigados a seguir um sistema de contabilidade**, mecanizado ou não, com base na escrituração uniforme de seus livros, em correspondência com a documentação respectiva, e a levantar anualmente o balanço patrimonial e o de resultado econômico.* (Brasil, 2002, grifo nosso)

Mesmo assim, persiste infundada dúvida, na comunidade eleitoral, acerca da aplicação das normas de contabilidade aos partidos políticos e às eleições, o que decorre da ausência de regulamentação após o advento da Constituição de 1988. Em outras palavras, havia um espaço em branco para as novas regras contábeis especiais e específicas destinadas à contabilidade dos partidos, a exemplo das regras aplicáveis às sociedades, mas que, no caso dos partidos, não foi completamente preenchido.

Seguindo esse raciocínio, até 1999, mesmo para as sociedades, as normas contábeis tinham caráter geral; exceções valem apenas para o setor financeiro (Comissão de Valores Mobiliários) e o setor público (Contabilidade Aplicada ao Setor Público). Não havia, no ordenamento jurídico, nenhum nível de especificação legal. Por analogia, a legislação aplicável às sociedades, Lei n. 6.404, de 15 de dezembro de 1976 (Brasil, 1976), era aplicada às demais entidades pertencentes às outras figuras tangentes às pessoas jurídicas de direito privado, independentemente de sua atividade.

Em um processo de extração de normas gerais de escrituração contábil e de elaboração das demonstrações contábeis e tendo como base de orientação geral também a norma que trata dos princípios de contabilidade, **o profissional da contabilidade deveria fazer as adaptações necessárias** para a extração de relatórios contábeis e financeiros condizentes com a realidade das operações da entidade. E isso ocorreu com relação a todas as figuras hoje classificadas no Código Civil. Houve, portanto, um tempo em que se aguardou a edição de normas especiais, o que já não ocorre mais. E vejamos o porquê.

Lei de regência

Durante o período em que pertenceu ao setor público, a lei de regência da contabilidade dos partidos políticos foi a Lei n. 4.320, de 17 de março de 1964 (Brasil, 1964), que estatui normas gerais de direito financeiro para elaboração e controle dos orçamentos e balanços da União, dos estados, dos municípios e do Distrito Federal. Por outro lado, com a mudança para o setor privado, como se viu, a lei de regência passou a ser a mesma lei geral, destinada à contabilidade das sociedades (contabilidade empresarial), que é normatizada pela Lei n. 6.404/1976, a qual dispõe sobre as sociedades por ações e, no passado, também criou normas de contabilidade.

Entretanto, a Lei n. 6.404/1976 foi alterada pela Lei n. 11.638, de 28 de dezembro de 2007 (Brasil, 2007), e, desde então, as sociedades empresariais brasileiras seguem as chamadas **normas internacionais de contabilidade** (IFRS, na sigla em inglês), que substituíram as normas brasileiras, parte integrante da Lei n. 6.404/1976. As normas internacionais, adotadas em outros 143 países, são emitidas pelo Conselho de Normas Internacionais de Contabilidade, uma entidade privada com sede em Londres.

É nesse sentido que Eliseu Martins, professor emérito da Faculdade de Economia e Administração da Universidade de São Paulo, acredita na exclusão da parte contábil da Lei n. 6.404/1975: "não dá para editar a lei toda vez que uma nova norma do IASB for aprovada" (Martins, citado por Azevedo, 2020). Essa assertiva é feita em comentário a respeito da nova dinâmica de atualização das normas contábeis, que deixaram, já há algum tempo, de ter seu fundamento regulamentado em norma jurídica positivada no ordenamento para alcançar o patamar de pronunciamento contábil que resulta da harmonização de normas internacionais, consensuais e por adesão.

Um bom exemplo de como podem ser compreendidos os impactos da legislação brasileira é a modificação do art. 177 da Lei n. 6.404/1976:

Art. 177. [...]

§ 3º As demonstrações financeiras das companhias abertas observarão, ainda, as normas expedidas pela Comissão de Valores Mobiliários, e serão obrigatoriamente auditadas por auditores independentes registrados na mesma comissão.

[...]

§ 5º As normas expedidas pela Comissão de Valores Mobiliários a que se refere o § 3º deste artigo deverão ser elaboradas em consonância com os padrões internacionais de contabilidade adotados nos principais mercados de valores mobiliários. (Brasil, 1976, grifo nosso)

Assim, a norma legal que define a contabilidade das empresas de capital aberto passou a conter dispositivo que remete a outra norma subsidiária, a qual, por sua vez, remete ao sistema contábil interacional, que é consensual e adotado por adesão.

4.6.3 Norma técnica específica

De início, podemos afirmar que, no contexto das Normas Brasileiras de Contabilidade, de competência do Conselho Federal de Contabilidade, há a ausência da elaboração de uma norma técnica específica direcionada ao sistema eleitoral, que inclui o partido político, e às eleições, o que é um problema, pois a norma técnica traria ganhos para a sociedade brasileira, devido aos custos de auditoria suportados com recursos públicos, na manutenção das estruturas da Justiça Eleitoral.

Vários benefícios nesse sentido podem ser enumerados. O primeiro, sem dúvida, é a padronização necessária para o sistema eleitoral como um todo, pela harmonização das regras contábeis aplicadas em razão da sobreposição da Lei dos Partidos e da Lei das Eleições. O segundo é o regramento específico para o levantamento de balanços contemplando a existência dos recursos de natureza eleitoral que podem e devem transitar livremente pelos partidos, o que inclui os recursos arrecadados em anos não eleitorais ou os arrecadados nas eleições ou em vistas delas. O terceiro é a possibilidade de consolidação de contas intrapartidária, considerando-se saldos e informações de arrecadação e gastos eleitorais, ajustando-se o plano de contas para incluir as contas eleitorais extrapatrimoniais. Um quarto benefício é a possibilidade de auxiliar a Justiça Eleitoral na consolidação de informações por esferas e localidades, com a geração de dados com qualidade contábil. Por fim, o quinto benefício é a aplicação de segregação contábil necessária quando da aplicação de recursos públicos, com fonte no orçamento da União.

Inclusive, para afastar a aplicação ou a regência da Lei n. 4.320/1964, visto que não surpreende a corrente doutrinária que impõe tal raciocínio – com o qual não concordamos –, cuja consequência é afirmar o sistema de responsabilização ao qual o partido e seus dirigentes estariam submetidos, o caminho seria aplicar o previsto no art. 70, parágrafo único, e no art. 71, inciso II, da Constituição Federal, a seguir transcritos:

Art. 70. A fiscalização contábil, financeira [...] aplicação das subvenções e renúncia de receitas [...] será exercida pelo Congresso Nacional, mediante **controle externo,** *e pelo sistema de controle interno de cada Poder.*

Parágrafo único. Prestará contas qualquer pessoa física ou jurídica, pública ou privada, que utilize, arrecade, guarde, gerencie ou administre dinheiros, bens e valores públicos ou pelos quais a União responda, ou que, em nome desta, assuma obrigações de natureza pecuniária. (Redação dada pela Emenda Constitucional nº 19, de 1998)

Art. 71. O controle externo, a cargo do Congresso Nacional, será exercido com o auxílio do Tribunal de Contas da União, ao qual compete:

[...]

II – julgar as contas dos administradores e demais responsáveis por dinheiros, bens e valores públicos da administração direta e indireta, incluídas as fundações e sociedades instituídas e mantidas pelo Poder Público federal, e as contas daqueles que derem causa a perda, extravio ou outra irregularidade de que resulte prejuízo ao erário público. (Brasil, 1988, grifo nosso)

Portanto, para essa corrente doutrinária, os partidos estão sob a jurisdição do controle externo dos recursos governamentais, obrigando-os a criar controles internos para executar uma escrituração contábil híbrida, ou seja, público-privada.

Para a elaboração da norma específica, muitos desafios serão enfrentados, entre os quais é forçoso citar importantes temas, tais como:

- o trabalho voluntário;
- a não tributação desse trabalho;
- a imunidade tributária nas operações;
- a dispensa de obrigações fiscais;
- a simplificação de relatórios para divulgação; e
- a estrutura conceitual para relatório financeiro.

Quanto ao terceiro desses itens, isto é, a imunidade tributária, ressaltamos que esta se assemelha à imunidade recíproca do setor público, em que os entes tributantes estão impedidos de lançar tributos uns sobre os outros, o que implica dizer que a tributação não os alcança. No caso da imunidade dos partidos, todos os entes tributantes ficam impedidos não só de realizar lançamentos, mas também de editar leis tributárias que o façam. Nesse sentido, a doutrina de Vasconcelos e Silva (2020, p. 233, grifo nosso) postula: "o Estado brasileiro pratica **renúncia fiscal** quando, em todos os âmbitos federativos, deixa de tributar, na modalidade imposto, os Partidos Políticos e suas Fundações, conforme dispõe o art. 150, VI, c, da Constituição Federal".

Ainda, no rol de desafios, em especial, temos o registro das subvenções sociais (ou adequação à norma já existente), assim classificados os recursos públicos transferidos do orçamento da União, ordenados contabilmente no art. 12 da Lei 4.320/1964:

Art. 12. A despesa será classificada nas seguintes categorias econômicas:

[...]

DESPESAS CORRENTES

Despesas de Custeio

Transferências Correntes

[...]

§ 2º Classificam-se como **Transferências Correntes** as dotações para despesas as quais não corresponda contraprestação direta em bens ou serviços, inclusive para contribuições e **subvenções** destinadas a atender à **manutenção de outras entidades** de direito público ou **privado**.

§ 3º Consideram-se subvenções, para os efeitos desta lei, as **transferências destinadas** a cobrir despesas de custeio das entidades beneficiadas, distinguindo-se como:

I – **subvenções sociais**, as que se destinem a instituições públicas ou **privadas** de caráter assistencial ou cultural, **sem finalidade lucrativa** *[...]*. (Brasil, 1964, grifo nosso)

Isso serve para afirmar que os fundos partidário e eleitoral são subvenções sociais e, tecnicamente, são transferências destinadas ao custeio de instituições privadas de caráter cultural sem finalidade lucrativa, descrição legal que se ajusta à atuação partidária.

Registramos, ainda, a ausência de um plano de contas que permita as consolidações descritas como benefícios da norma técnica ou ainda, nessa ausência, de uma eventual exigência de alguma documentação consolidada por esferas – além, claro, do relatório de receitas, que se faz presente nas prestações de contas.

Ademais, salientamos também o respeito à necessária autonomia legal em cada esfera: os gestores são responsáveis apenas por seus atos. Isso implica que cumpre às legendas partidárias atuarem tão somente na coordenação política, fazendo-se uma separação entre gestão e responsabilidade financeira (material) pautada nas leis civis – e nisso se incluem a contabilidade e as normas de conteúdo político para a coordenação política, o que vai desde o uso da legenda, o uso de imagem (pessoal ou de personalidades), passando pelo funcionamento dos partidos, até as decisões de estruturação do apoio político em esfera regional e nacional. Quanto mais bem esclarecida essa relação política *versus* patrimonial de responsabilidades, melhor será o compartilhamento de recursos com origens em diferentes patrimônios, seja da esfera nacional, seja da estadual, seja da municipal. Como exemplo, citamos os programas de formação política e de doutrinação, em especial o destinado às mulheres, coordenado por esfera superior e executado nas pontas capilares das localidades, estaduais e municipais, envolvendo-se tais dirigentes.

Por conclusão, ausente a norma específica, a atuação do profissional da contabilidade é vinculada a procedimentos e a princípios definidos em normas e resoluções de natureza geral, o que, por si, é capaz de impor qualidade à informação, sem, contudo, padronizá-la na sociedade. A realidade contábil aplicada aos partidos é muito semelhante à que já existiu com relação às entidades sem finalidade de lucro, pela ausência de norma técnica, nesse caso, hoje superada.

4.6.4 Escrituração

Com vistas à aplicação da Lei dos Partidos Políticos, a Lei n. 9.096/1995, que, sabemos, deve reger a contabilidade dos partidos de modo especial, o legislador determinou a necessidade de escrituração contábil:

"Art. 30. O partido político, através de seus órgãos nacionais, regionais e municipais, deve manter escrituração contábil, de forma a permitir o conhecimento da origem de suas receitas e a destinação de suas despesas" (Brasil, 1995).

A resolução partidária, em sua tarefa normativa, traz o mesmo regramento para o exercício prático e o faz com certa liberdade. É nesse sentido que a referida resolução aproveita procedimento administrativo já existente, com relação à escrituração contábil digital, regulamentado por órgão de fiscalização tributária federal, para aplicá-lo também aos partidos: "Art. 25. A obrigatoriedade de adoção da **escrituração contábil digital** pelos partidos políticos deve observar os limites e as isenções fixados pela Secretaria da Receita Federal do Brasil" (Brasil, 2019c).

Com isso, todos os partidos políticos, em todos os níveis de direção, são obrigados a utilizar o Sistema Público de Escrituração Digital (SPED) para o registro de sua contabilidade. Apenas isso e nada mais.

No entanto, não se aplica a regra do limite de dispensa, originalmente criado por aquele órgão, por causa do grande volume de dados e da existência de modalidades de tributação pautadas apenas no regramento fiscal, dispensando-se a escrituração contábil. Essa dispensa, todavia, não deve ocorrer na seara partidária.

Na sequência, o parágrafo 1º do art. 26 da Resolução TSE n. 23.604/2019 não indica a aplicação subsidiária de norma regulamentadora de cunho administrativo, como são os atos expedidos pela Receita Federal, apenas submete a Escrituração Contábil Digital dos partidos ao regramento administrativo necessário ao sucesso do procedimento, no ambiente SPED, criado para tal finalidade. "Art. 26. A escrituração contábil digital [...] § 1º A escrituração contábil digital deve observar o disposto nesta resolução e **nos atos expedidos pela RFB** e pelo CFC" (Brasil, 2019c, grifo nosso).

Alexandre Di Pietra

Entretanto, a observação de norma subsidiária não pode contrariar a lei ou as normas especiais da resolução eleitoral, a fim de resultar em interesse oposto ao ordenamento. Sendo assim, partidos devem manter escrituração contábil digital na forma definida pela Receita Federal[7], aplicando-a para toda e qualquer entidade partidária identificada de maneira segregada e autônoma por um CNPJ. No art. 25, *caput*, da resolução partidária, temos a aplicação de norma de cunho técnico editada pelo Conselho Federal de Contabilidade, que, como se viu, passa por forte evolução, em virtude da internacionalização ocorrida nos últimos anos (Brasil, 2019c). O exercício financeiro coincide com o ano civil, 1º de janeiro a 31 de dezembro, conforme calendário doméstico: "Art. 25. [...] Parágrafo único. A escrituração contábil deve tomar como base o **exercício financeiro correspondente ao ano civil**" (Brasil, 2019c, grifo nosso).

A Escrituração Contábil Digital compreende as versões digitais do Livro-Diário, do Livro-Razão e de seus auxiliares. Com relação aos livros auxiliares, tanto a lei quanto as resoluções partidária e eleitoral são as fontes normativas para sua especificação, exigência e obrigatoriedade. Dessa forma, os livros auxiliares de uma entidade partidária podem ser diferentes dos livros exigidos das sociedades anônimas, por exemplo5

Quanto ao conteúdo da escrituração contábil digital, o art. 26. da resolução partidária define com precisão os dados necessários ao registro contábil, enfatizando o registro de informações relativas à materialidade quanto à origem, além de detalhar as fontes e o destino

---

7 *Não em razão de subordinação ou jurisdição, mas sim pela força do legislador regulamentador que adotou procedimento já verificado com sucesso e amplamente aceito na comunidade fiscal e contábil.*

dos recursos e especificar não só o beneficiário, mas também a própria operação.

Art. 26. A escrituração contábil digital [...].

[...]

§ 2º Na escrituração contábil digital, os registros contábeis devem:

I – identificar:

a) a origem e o valor das doações e das contribuições;

b) as pessoas físicas com as quais o órgão partidário tenha transacionado, com a indicação do nome e do CPF do doador ou do contribuinte ou do CNPJ, em se tratando de partido político; e

c) os gastos de caráter eleitoral, assim considerados aqueles definidos no art. 26 da Lei nº 9.504/97;

II – especificar detalhadamente os gastos e os ingressos de recursos de qualquer natureza. (Brasil, 2019c)

Do texto normativo, verificamos que o inciso II traz a principal característica dos registros contábeis eleitorais, que é a especificação detalhada da origem e da destinação dos recursos partidários e eleitorais, funcionando como uma regra geral. *Especificar* significa, nesse caso, determinar a espécie, classificar, indicar com precisão; precisar, apontar e discriminar. E *detalhadamente* significa o que é feito a partir de detalhes, de modo detalhado, minucioso. Tais regras diferem das regras gerais de escrituração, na qual são permitidas as técnicas que visam à simplificação por partidas mensais, como a escrituração resumida ou sintética do Diário, dada pela soma ou por aglutinação ou pela totalização, em outros casos, com a redução do número de lançamentos por semelhança. Logo, em razão da especificação detalhada das regras gerais, essas regras não são permitidas na contabilidade eleitoral.

Há um necessário destaque para a alínea "b" do inciso I do dispositivo em comento, a qual traz um importante diferencial da escrituração eleitoral que diz respeito à necessidade de registro da fonte de recursos, também chamado de *doador originário*, cuja ausência terá consequências imediatas, impedindo a utilização do respectivo recurso, caracterizando-o como recurso ilícito, o que exigirá providências do gestor partidário.

Por conclusão, não há disponibilidade financeira no partido que não esteja atrelada a um doador originário, seja no registro de ingresso, seja no de aplicação dos recursos partidários.

Gastos de natureza eleitoral

Em especial, na escrituração contábil digital, há a especificidade de identificação e de segregação dos gastos de natureza eleitoral, conforme prevê a resolução partidária em seu art. 26, parágrafo 2º, inciso I, alínea "c": "os gastos de caráter eleitoral, assim considerados aqueles definidos no art. 26 da Lei n. 9.504/97" (Brasil, 2019c).

Ressaltamos que o comando normativo está em perfeita sintonia com as formas de participação dos partidos nas eleições, conforme será estudado adiante. A resolução partidária também define a competência administrativa do TSE para elaborar o plano de contas específico a ser aplicado na escrituração contábil: "Art. 27. A escrituração contábil dos órgãos partidários deve observar o plano de contas específico estabelecido pelo TSE" (Brasil, 2019c).

Nesse aspecto, a evolução necessária à consolidação das contas depende tão somente da *expertise* da Justiça Eleitoral, que deve ser apoiada nas normas de contabilidade a serem aplicadas ao sistema eleitoral brasileiro e editadas pelo Conselho Federal de Contabilidade.

4.6.5 Demonstrações contábeis

Duas finalidades bem distintas devem ser alcançadas com a apresentação das demonstrações contábeis: de um lado, o exercício do dever-poder de **fiscalização** das finanças do sistema eleitoral por parte da Justiça Eleitoral; de outro lado, o dever de transparência, que permite o exercício do controle social, não somente pelos atores sociais legitimados, mas também por qualquer cidadão.

Em ambos os casos, o conteúdo das demonstrações contábeis é a informação contábil. A Lei n. 9.096/1995, em seu art. 33, determina a necessidade de reprodução das informações relativas ao conteúdo material, lembrando que são as mesmas capturadas na escrituração (Escrituração Contábil Digital) e enfatizando-as para a divulgação:

> *Art. 33. Os balanços devem conter, entre outros, os seguintes itens:*
>
> *I – discriminação dos valores e destinação dos recursos oriundos do fundo partidário;*
>
> *II – origem e valor das contribuições e doações;*
>
> *III – despesas de caráter eleitoral, com a especificação e comprovação dos gastos com programas no rádio e televisão, comitês, propaganda, publicações, comícios, e demais atividades de campanha;*
>
> *IV – discriminação detalhada das receitas e despesas.* (Brasil, 1995)

Logo, os relatórios contábeis servem para fazer a divulgação das informações coletadas pela contabilidade, justamente em razão do rígido regramento imposto pela resolução partidária, cumprindo, ao final, a finalidade de dar transparência aos atos financeiros da gestão partidária.

Exercício de fiscalização

A Justiça Eleitoral exerce o poder-dever de fiscalização dos partidos e das campanhas, o que, em tese, recairá sobre o balanço patrimonial e as demais demonstrações e documentos a serem ofertados para atender ao dever constitucional de transparência. O art. 34 da Lei dos Partidos define o exercício dessa jurisdição de contas, cujo teor é: "Art. 34. A Justiça Eleitoral exerce a fiscalização sobre a prestação de contas do partido e das despesas de campanha eleitoral, devendo atestar se elas refletem adequadamente a real movimentação financeira, os dispêndios e os recursos aplicados nas campanhas eleitorais [...]" (Brasil, 1995).

O parágrafo 1º do citado dispositivo define o escopo da auditoria a ser aplicado no sistema eleitoral, cujo espaço é restrito à identificação da origem e da destinação dos recursos partidários e eleitorais:

Art. 34 [...]

[...]

*§ 1º A fiscalização de que trata o caput tem por **escopo** identificar a origem das receitas e a destinação das despesas com as atividades **partidárias e eleitorais**, mediante o exame formal dos documentos fiscais apresentados pelos partidos políticos e candidatos, sendo vedada a análise das atividades político-partidárias ou qualquer interferência em sua autonomia.*
(Brasil, 1995, grifo nosso)

Entretanto, no exercício dessa jurisdição, com fundamento nas regras jurídicas constantes de normas legais, as áreas técnicas da

Justiça Eleitoral devem relatar qualquer descumprimento objetivo da legislação, bem como da aplicação das normas de contabilidade.

Art. 34 [...]

[...]

§ 5º Os relatórios emitidos pelas áreas técnicas dos tribunais eleitorais devem ser fundamentados estritamente com base na legislação eleitoral e nas normas de contabilidade, *vedado opinar sobre sanções aplicadas aos partidos políticos, cabendo aos magistrados emitir juízo de valor. (Incluído pela Lei nº 13.877, de 2019)* (Brasil, 1995)

O descumprimento objetivo da legislação deve ser reportado como falha e poderá macular as contas apenas no que concerne à obtenção da informação para o exercício da jurisdição, desde que no exato cumprimento do escopo da auditoria, emitindo-se relatório fundamentado. Não caberá à Justiça Eleitoral o exercício da fiscalização da profissão contábil reservado ao conselho de classe, como determina a Resolução n. 23.604/2019: "Art. 38. [...] § 2º Consideram-se **impropriedades** as falhas de natureza formal das quais não resulte dano ao erário e outras que não tenham potencial para conduzir à inobservância da Constituição Federal ou à infração de normas legais e regulamentares" (Brasil, 2019c, grifo nosso).

É certo que, no contexto da proteção à sociedade civil, a aplicação das normas de contabilidade é tema relativo à atuação do profissional da contabilidade, que está sujeito às regras disciplinares ligadas ao exercício de uma profissão legalmente regulamentada, cumprindo, assim, a mesma lógica aplicada a todas as profissões autorizadas e regulamentadas por lei. No art. 32 da lei, é feita a distribuição da competência para o exercício da jurisdição de contas, relacionando as esferas partidárias aos respectivos órgãos da Justiça Eleitoral: "Art.

32. [...] § 1º O balanço contábil do órgão nacional será enviado ao Tribunal Superior Eleitoral, o dos órgãos estaduais aos Tribunais Regionais Eleitorais e o dos órgãos municipais aos Juízes Eleitorais" (Brasil, 1995).

Nesse sentido, o art. 32 da Lei Partidária ainda determina o envio das demonstrações contábeis à Justiça Eleitoral, até o dia 30 de junho do ano seguinte ao exercício financeiro: "Art. 32. O partido está obrigado a enviar, anualmente, à Justiça Eleitoral, o balanço contábil do exercício findo, até o dia 30 de junho do ano seguinte (Redação dada pela Lei n. 13.877, de 2019)" (Brasil, 1995).

Exercício da transparência

Tal finalidade não é secundária nem suplementar. O exercício do controle social deve balizar tanto a atuação da Justiça Eleitoral como procedimento da Administração Pública (feixe de funções) quanto o próprio partido como responsável por dinheiros e bens públicos. A publicação das demonstrações atende a esse duplo dever de transparência: "Art. 32. [...] § 2º A Justiça Eleitoral determina, imediatamente, a **publicação dos balanços** na imprensa oficial, e, onde ela não exista, procede à afixação dos mesmos no Cartório Eleitoral" (Brasil, 1995, grifo nosso).

Somente em razão do dever de publicação dos balanços é que nasce, para os legitimados, um especial exercício do direito de ação, pelo manejo das impugnações ou denúncias.

Art. 35 [...]

[...]

Parágrafo único. O partido pode examinar, na Justiça Eleitoral, as prestações de contas mensais ou anuais dos demais partidos, quinze dias após a publicação dos balanços financeiros, aberto o prazo de cinco dias para impugná-las, podendo, ainda, relatar fatos, indicar provas e pedir abertura de investigação para apurar qualquer ato que viole as prescrições legais ou estatutárias a que, em matéria financeira, os partidos e seus filiados estejam sujeitos. (Brasil 1995)

O dispositivo permite que os partidos fiscalizem uns aos outros, legitimando-os para o exame das contas das outras legendas, bem como para a prática dos atos de controle, impugnando as prestações de contas. Isso significa que ele acaba por inserir no sistema eleitoral uma espécie de controle social pelos pares, ou seja, um controle dos iguais.

Tão somente o exercício – latente ou potencial – desses dispositivos já traz auxílio à Justiça Eleitoral, em uma espécie de colaboração à *longa manus* do Estado, ainda que, na prática, pouco se tenha visto acerca disso – o que em nada retira sua importância e potencial relevância.

Esse mecanismo também tem aplicabilidade interna, protegendo os filiados no que diz respeito à gestão dos líderes partidários, visto que reforça os pilares da democracia partidária.

Ainda, no que concerne às demonstrações contábeis, a Resolução TSE n. 23.604/2019 dedicou o Capítulo V – Da Escrituração Contábil para disciplinar as técnicas necessárias ao levantamento dos balanços, conforme o teor dos arts. 25 a 27, a seguir transcritos:

Art. 25. A obrigatoriedade de adoção da escrituração contábil digital pelos partidos políticos deve observar os limites e as isenções fixados pela Secretaria da Receita Federal do Brasil.

Parágrafo único. A escrituração contábil deve tomar como base o exercício financeiro correspondente ao ano civil.

Art. 26. A escrituração contábil digital compreende a versão digital:

I – do Livro-Diário e de seus auxiliares; e

II – do Livro-Razão e de seus auxiliares.

§ 1º A escrituração contábil digital deve observar o disposto nesta resolução e nos atos expedidos pela RFB e pelo CFC.

§ 2º Na escrituração contábil digital, os registros contábeis devem:

I – identificar:

a) a origem e o valor das doações e das contribuições;

b) as pessoas físicas com as quais o órgão partidário tenha transacionado, com a indicação do nome e do CPF do doador ou do contribuinte ou do CNPJ, em se tratando de partido político; e

c) os gastos de caráter eleitoral, assim considerados aqueles definidos no art. 26 da Lei nº 9.504/97;

II – especificar detalhadamente os gastos e os ingressos de recursos de qualquer natureza.

Art. 27. A escrituração contábil dos órgãos partidários deve observar o plano de contas específico estabelecido pelo TSE. (Brasil, 2019c)

4.6.6 REGULARIDADE

Do rigor técnico à clareza universal dos fatos, há um caminho a ser percorrido, sempre à luz do princípio constitucional da transparência no ambiente democrático. É por efeito da necessidade de transparência que o legislador identificou vulnerabilidades no registro dos atos de gestão das finanças dos partidos praticados por seus dirigentes, passando a regulamentá-los de modo específico.

O termo *regularidade* tem inúmeros sinônimos em cinco sentidos diferentes: constância, frequência, legal, proporção e exatidão. Além disso, é adotado em sua acepção do que é legal, ou seja, regularidade é a capacidade de estar em conformidade com as leis, com as normas. Com isso, surge para o gestor a necessidade de provar sua regularidade e de certificar-se de estar produzindo as informações demandadas e suficientes para o registro contábil, o qual, sabemos de antemão, será auditado em quatro ambientes:

1. internamente, pelos filiados, no crivo e na garantia da democracia intrapartidária;
2. externamente, pela Justiça Eleitoral;
3. no ambiente político, pelos pares (outros partidos);
4. na sociedade, pelo cidadão-eleitor.

Por outro lado, na ausência de regularidade, há as irregularidades, pelo caráter do que está fora da norma, do habitual ou esperado; pela falta ou defeito. Assim, antecipando-se a eventuais achados de auditoria e a outras irregularidades, em cada ato a ser registrado, o profissional da contabilidade exerce julgamento amparando-se nos princípios contábeis e em sua subsunção à norma jurídica, de modo a extrair um mínimo de segurança para a informação. Há um deslocamento no interesse pela informação contábil, que deixa de ser apenas a do gestor partidário, o qual responde diretamente à comunidade que lhe outorgou a função e a responsabilidade. Hoje, seguramente, em atenção à transparência, a informação contábil é destinada também aos públicos externos, no exercício do controle social, de modo que seus atores assumem importante posição. Dessa forma, todos devem estar aptos a consumir a informação contábil do sistema eleitoral, saber ler e entendê-la, mas quem a escreve e, com isso, informa a sociedade é o profissional da contabilidade.

Comprovação da regularidade

Comprovação é algo que está além do levantamento do balanço patrimonial, da escrituração de livros e da aplicação da melhor técnica de registros contábeis. A contabilidade eleitoral tem um compromisso adicional, um necessário alinhamento com as normas eleitorais, nas quais condutas específicas foram formalmente descritas, detalhadamente, restringindo a liberdade não só do gestor, mas também do profissional na produção das informações contábeis. Há um conjunto normativo específico que impõe severa regulamentação para os atos de gestão partidária. Nestes estão presentes os princípios de índole constitucional, as diretrizes legais tanto da Lei dos Partidos quanto da Lei das Eleições, as normas regulamentadoras, as instruções e as portarias. É nesse cenário que o registro contábil deixa de ser apenas uma formalidade técnica para ganhar um importante contorno jurídico, que é a comprovação, ou seja, o ato e o efeito alcançados pela ação de se patentear a verdade, produzindo-se mais de uma prova.

Síntese

Neste capítulo, tratamos dos principais elementos relativos à gestão financeira partidária – em destaque, a tesouraria e a contabilidade –, além de termos evidenciado a atuação dos gestores, dos tesoureiros, prepostos ou não, e do profissional da contabilidade.

Certo é que a atuação do advogado é relevante; porém, ocorre em nível de assessoramento dos dirigentes na tomada de decisões, sempre mediante provocação.

Além disso, elencamos as características da transparência das contas partidárias no ambiente da Justiça Eleitoral e a relação existente entre as contas, por meio da contabilidade, responsável por auxiliar o gestor e seus prepostos na comprovação dos atos e fatos em matéria financeira, quando necessária a comprovação da regularidade desses atos.

Questões para revisão

1. O controle dos partidos políticos é exercido:
   a) internamente, pelos filiados, no crivo e na garantia da democracia intrapartidária.
   b) externamente, pela Justiça Eleitoral.
   c) no ambiente político, pelos pares (outros partidos).
   d) na sociedade, pelo cidadão-eleitor.
   e) todas as anteriores.

2. No contexto dos atos em matéria financeira, quanto à comprovação, assinale V para as afirmativas verdadeiras e F para as falsas:
   ( ) É sinônimo de documentação.
   ( ) É entregar livros e demonstrações contábeis.
   ( ) É a juntada de mais de um documento.
   ( ) É patentear a verdade.

3. No contexto dos atos em matéria financeira, quanto aos deveres do gestor, assinale V para as afirmativas verdadeiras e F para as falsas:
   ( ) Proceder à movimentação financeira exclusivamente em contas bancárias distintas.
   ( ) Manter escrituração contábil digital – profissional de contabilidade habilitado.
   ( ) Inscrever-se no CNPJ.

( ) Remeter à Justiça Eleitoral, nos prazos estabelecidos na resolução, a prestação de contas anual, para que se dê ampla publicidade.

4. Descreva as diferenças essenciais entre a atuação do tesoureiro e a do profissional da contabilidade com impacto na responsabilidade funcional.

5. Uma tarefa do tesoureiro é a que chamamos de *estorno*. Quais operações essa tarefa reúne? Descreva resumidamente cada uma delas.

Questões para reflexão

1. Na contabilidade eleitoral, não são permitidas as regras gerais de simplificação de lançamentos. Isso acontece por haver na lei o comando imperativo? Comente.

2. O uso das contas bancárias como principal elemento da prestação de contas é técnica apropriada? Justifique.

CAPÍTULO 5

O partido na campanha

Conteúdos do capítulo

- Contas eleitorais partidárias.
- Sistema eleitoral.

Após o estudo deste capítulo, você será capaz de:

1. compreender o sistema eleitoral como um conjunto de normas e responsabilidades definidas em leis diferentes, por razões históricas;
2. entender que a participação do partido na campanha ocorre pela intersecção desses dois conjuntos de normas em matéria financeira, reconhecendo a índole constitucional como matriz única geradora do dever de contas;
3. reconhecer, no sistema eleitoral vigente, a importância da atuação dos partidos políticos.

(5.1)
CONTAS ELEITORAIS PARTIDÁRIAS

O presente capítulo não pretende esgotar o assunto proposto; por outro lado, tem por objetivo apresentar a realidade prática criada pela intersecção das leis eleitorais tão somente em seus aspectos financeiros.

O destaque é dado para a **Lei dos Partidos** e para a **Lei das Eleições**, nas quais se identifica um núcleo comum, que resulta na normatização dos atos financeiros concernentes à participação dos partidos na campanha.

Figura 5.1 – Núcleo comum entre a Lei dos Partidos e a Lei das Eleições

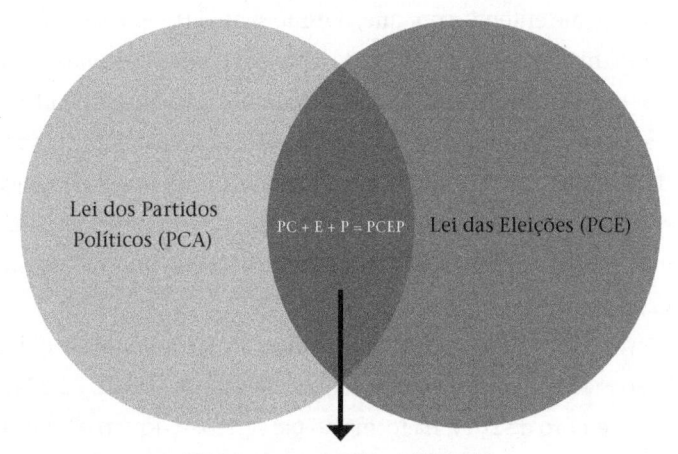

Lei dos Partidos Políticos (PCA) PC + E + P = PCEP Lei das Eleições (PCE)

Núcleo comum: PCE – PARTIDOS

PCE "P": prestação de contas eleitorais dos partidos.

A participação dos partidos nas eleições é resultante das normas financeiras comuns às duas leis, que, na prática, tutelam os atos de gestão financeira que envolvem os partidos e candidatos, obrigando-os ao dever constitucional de prestação de contas, conforme dispõe a Lei n. 9.504, de 30 de setembro de 1997: "Art. 28. A prestação de contas será feita: [...] § 4º Os partidos políticos, as coligações e os candidatos são **obrigados**, durante as campanhas eleitorais, a divulgar em sítio criado pela Justiça Eleitoral para esse fim na rede mundial de computadores (internet)" (Brasil, 1997; 2015, grifo nosso).

Portanto, os partidos participam obrigatoriamente das eleições, tendo ou não: lançado candidato próprio, participado de coligação, aplicado recursos eleitorais, realizado despesas diretas ou distribuído Fundo Partidário ou Fundo Eleitoral.

5.1.1 Participação direta e indireta

De início, vale entender por que, mesmo sem participar diretamente da campanha, o partido é obrigado a prestar contas eleitorais. A cada pleito, o gestor partidário tem duas grandes responsabilidades: de um lado, há a possibilidade de atuação **direta** do partido, como um verdadeiro **gestor da campanha, aplicando** recursos na eleição; de outro lado, há a possibilidade de atuação **indireta** do partido apenas como **fonte de financiamento, distribuindo** recursos por diversas eleições.

Certo é que podem coexistir as duas situações, aplicar e distribuir, ao mesmo tempo. É o que define a Resolução TSE n. 23.604, de 17 de dezembro de 2019, na forma do parágrafo 4º do art. 8º, que tem cunho autorizativo – "podem aplicar ou distribuir" –, conforme segue:

Art. 8º [...]

[...]

*§ 4º Em ano eleitoral, os partidos políticos **podem aplicar ou distribuir** pelas diversas eleições os recursos financeiros recebidos de pessoas físicas,*

observando-se o disposto nos arts. 23, § 1º, e 24 da Lei nº 9.504/97 e os critérios definidos pelos respectivos órgãos de direção e pelas normas estatutárias. (Brasil, 2019c, grifo nosso)

Do comando ora transcrito, podemos extrair que *aplicar* é diferente de *distribuir*. *Aplicar recurso* significa efetuar o gasto eleitoral, como um conjunto de procedimentos tendentes à assunção e à extinção de obrigação financeira-patrimonial. O ato envolve a contratação e, com isso, a escolha do fornecedor. O termo é empregado no sentido de se pôr em prática, usar, empregar, utilizar, fazer, efetuar, realizar, executar, praticar, adotar, destinar, consumir, aproveitar. *Distribuir*, por outro lado, remete à operação de transferir o recurso, fornecer recursos, sem qualquer envolvimento com a materialidade, com a qual somente o destinatário estará vinculado. O termo é utilizado no sentido de abastecer, fazendo fluir: fornecer, prover, providenciar, aprovisionar, guarnecer.

(5.2)
Sistema eleitoral

De outra frente, a segunda parte dessa mesma norma regulamentadora – Resolução TSE n. 23.604/2019 – faz referência tanto à Lei Eleitoral quanto à Lei dos Partidos:

Art. 8º [...]

[...]

§ 4º *Em ano eleitoral, os partidos políticos podem aplicar ou distribuir pelas diversas eleições os recursos financeiros recebidos de pessoas físicas,* **observando-se o disposto nos arts. 23, § 1º, e 24 da Lei nº 9.504/97** *e os critérios definidos pelos respectivos órgãos de direção e pelas normas estatutárias (art. 39, § 5º, da Lei nº 9.096/1995).* (Brasil, 2019c, grifo nosso)

Reunindo os comandos necessários na resolução eleitoral com vistas à inclusão dos partidos na atuação eleitoral, consequentemente, a norma acaba por formar um sistema eleitoral, mas esse é um assunto a ser explorado em outro momento. É dessa forma que surge a Prestação de Contas Eleitorais Partidária (PCE "P"), que tem por objetivo demonstrar a aplicação ou a distribuição de recursos eleitorais nas diversas campanhas eleitorais ou, ainda, fazer prova negativa de todo recurso que não transitou nas contas partidárias obrigatórias.

A verificação da existência ou não de um sistema eleitoral passa pela compreensão de que a prática operacional reafirma o sistema de responsabilização eleitoral no que se refere às finanças e às suas responsabilidades, em que as regras aplicáveis formam dois conjuntos e a atuação do partido na campanha representa a figura da interseção desses dois conjuntos. Por fim, a PCE "P" é resultante desse sistema.

5.2.1 Partido como fonte de financiamento

Em ano eleitoral, todos os órgãos partidários, em todas as circunscrições, devem prestar contas à Justiça Eleitoral, tendo participado da campanha ou não. Essas são as prestações de contas eleitorais partidárias – PCE "P". Isso decorre da simples possibilidade de que cada CNPJ partidário poderá ser um doador de campanha, destinando recursos para qualquer órgão partidário em qualquer localidade do país, além de prover recursos para os órgãos de seu próprio partido, em qualquer esfera, para os candidatos de seu partido, como sugere o ideal político. Na prática, por exemplo, um diretório municipal pode financiar, total ou parcialmente, as campanhas a cargos estaduais, federais, majoritários ou proporcionais. O mesmo vale para a estadual de um partido ou até mesmo a nacional – este último caso é mais comum de se ver.

Consolidação

Aqui, inicialmente, vale registrar a inexistência de mecanismos legais para a consolidação das doações na contabilidade partidária. Não há, no plano de contas, estrutura obrigatória que permita a reunião de balanços entre as esferas partidárias, para com isso demonstrar a capacidade de atração de recursos eleitorais ligada à legenda fazendo uso das chamadas *contas de compensação*. Entretanto, a necessidade persiste, e, para tal tarefa, a Justiça Eleitoral busca produzir essa informação de maneira administrativa, impondo a regra de prestação de contas eleitorais até mesmo por partidos inertes em relação ao pleito, ainda que em diferentes esferas. Tal obrigação advém da necessidade de consolidação das fontes e circunscrições entre as esferas partidárias de uma mesma legenda ou da possibilidade de financiamento entre as diferentes circunscrições de partidos distintos, coligados ou não.

De um lado, o recebedor de recursos diretos ou indiretos (benefício econômico), partido ou candidato, deve declarar a doação recebida; de outro, os partidos devem declarar as doações realizadas, possibilitando o cruzamento e o fechamento das informações sobre movimentação de recursos partidários em todo o território nacional. Um exemplo disso é que um partido pode realizar toda a campanha de seu único candidato, e isso não desobriga o candidato de prestar contas eleitorais, pelas mesmas razões que obrigam os partidos inertes, em todas as esferas. Dessa forma, a informação negativa é importante e necessária para a eliminação de hipótese, diminuindo-se consideravelmente os enlaces e as alçadas de auditoria, que, hoje, são eletrônicos e pertencem à categoria dos batimentos.

5.2.2 PARTIDO COMO GESTOR DA CAMPANHA

De outra frente, o partido pode atuar na gestão da campanha exatamente como um candidato, porém com algumas peculiaridades e até mesmo vantagens. A Lei n. 9.504/1997 traz a autorização legal para o gasto eleitoral dos partidos: "Art. 17. As despesas da campanha eleitoral serão realizadas **sob a responsabilidade dos partidos**, ou de seus candidatos, e financiadas na forma desta Lei" (Brasil, 1997, grifo nosso).

Com o advento da Lei n. 13.165, de 29 de setembro de 2015 (Brasil, 2015), Lei da Reforma, estabeleceu-se o necessário vínculo entre o gasto partidário e o limite de cada candidato: foi imputado o controle de gastos partidários nas campanhas, e não nos partidos. "Art. 18-A. Serão contabilizadas nos limites de gastos de cada campanha as **despesas efetuadas pelos candidatos e as efetuadas pelos partidos** que puderem ser individualizadas" (Brasil, 1997; 2015, grifo nosso).

A fundamentação da atuação do partido está nos primeiros artigos da resolução eleitoral e define que, de maneira geral, o partido está sujeito às mesmas regras que os candidatos. É o que dispõe o art. 5º da vigente resolução eleitoral – Resolução TSE n. 23.607, de 17 de setembro de 2019: "Art. 5º Os limites de gastos para cada eleição compreendem os gastos realizados pelo candidato e os **efetuados por partido político que possam ser individualizados, na forma do art. 20, II, desta Resolução** [...]" (Brasil, 2019e, grifo nosso).

Todavia, algumas regras para a atuação do partido nas eleições são específicas, as quais abordaremos a seguir.

Pré-campanha

O partido é o único legitimado para arrecadar recursos eleitorais a qualquer tempo. O caráter permanente da conta bancária é parte disso, pois a conta bancária é a ferramenta utilizada para dar a transparência necessária às doações com finalidade eleitoral: "Art. 12 [...] § 7º A conta bancária 'Doações para campanha' dos partidos políticos **possui caráter permanente** e não deve ser encerrada no fim do período eleitoral" (Brasil, 2019e, grifo nosso). Isso possibilita doações antecipadas, ou seja, ainda na pré-campanha, mas já às vistas do pleito; porém, não há vínculo com um candidato específico. É como um voto de confiança na legenda:

> Art. 1º Esta Resolução disciplina a arrecadação e os gastos de recursos por **partidos políticos** e candidatos em campanha eleitoral e a prestação de contas à Justiça Eleitoral.
>
> § 1º Os recursos arrecadados por **partido político fora do período eleitoral** são regulados pela resolução específica que trata das prestações de contas anuais dos partidos políticos. (Brasil, 2019e, grifo nosso)

Gasto não eleitoral (gasto político)

O partido é o único legitimado para o gasto não eleitoral (político), ou seja, os gastos fora do período eleitoral, e nisso se incluem os gastos que antecedem a campanha, período conhecido como pré-campanha. As normas financeiras presentes no art. 36-A da Lei Eleitoral incumbem o partido do custeio das tarefas previstas nos incisos II, III, VI, conforme transcrito:

> Art. 36-A. Não configuram propaganda eleitoral antecipada [...] os seguintes atos, que poderão ter cobertura dos meios de comunicação social, **inclusive via internet:**

[...]

*II – a realização de encontros, seminários ou congressos, em ambiente fechado e **a expensas dos partidos políticos**, para tratar da organização dos processos eleitorais, discussão de políticas públicas, planos de governo ou alianças partidárias visando às eleições, podendo tais atividades ser divulgadas pelos instrumentos de comunicação intrapartidária; (Redação dada pela Lei nº 12.891, de 2013)*

III – a realização de prévias partidárias e a respectiva distribuição de material informativo, a divulgação dos nomes dos filiados que participarão da disputa e a realização de debates entre os pré-candidatos; (Redação dada pela Lei nº 13.165, de 2015)

[...]

VI – a realização, a expensas de partido político, de reuniões de iniciativa da sociedade civil, de veículo ou meio de comunicação ou do próprio partido, em qualquer localidade, para divulgar ideias, objetivos e propostas partidárias. (Brasil, 1997; 2015, grifo nosso)

A norma é clara ao dizer que os atos, se praticados fora do período eleitoral, devem correr às expensas do partido, logo, devem ser documentados e demonstrados nas contas anuais dos partidos. O destaque é dado, principalmente, para as reuniões políticas na pré-campanha, e isso não depende da iniciativa. Nesses gastos devem ser incluídas as seletivas, as disputas internas e a convenção.

Vale lembrar que os incisos I, IV e V, da mesma norma citada, deliberam comportamentos permissivos marcados pela pessoalidade, isto é, pela possibilidade de divulgação de posicionamento pessoal, de qualidades, de virtudes, de feitos, de opiniões que, em tese, não dependem de investimentos. A presença pessoal fora do período eleitoral em atos políticos e manifestações, passeatas, carreatas, concentrações em locais públicos é parte do direito de expressão que está sendo analisado. Entretanto, o exercício desse direito de expressão não se confunde com o apoio financeiro demandado para a realização dos eventos, com relação à divulgação e à estruturação destes, os quais devem correm por conta dos partidos. Lembre-se de que não há regramento normativo específico para dar transparência a esses gastos partidários por ocasião da realização dos eventos: tal informação será vista somente à época da prestação de contas anuais, que ocorrerá no meio do ano seguinte.

Outro destaque se refere às manifestações em redes sociais. Ressaltamos que o mesmo art. 36-A, em seu inciso V, veio para permiti-las: "V – a divulgação de posicionamento pessoal sobre questões políticas, **inclusive nas redes sociais**" (Brasil, 1997; 2015, grifo nosso). A permissão do uso de redes sociais, todavia, surgiu de modo expresso somente em 2013.

Vale considerar que *rede social* é um termo amplo e genérico que merece estudo aprofundado. Podemos antecipar que, de uma via, a rede social é uma praça pública, ao alcance de qualquer cidadão; de outra, rede social também é a atual e a mais poderosa ferramenta de comunicação social, única capaz de selecionar o melhor conteúdo para mensagem do emissor, conforme o perfil do receptor, o que é muito diferente do conceito de *praça pública*.

Início da campanha

No início da campanha, o partido reúne um conjunto de facilidades. Uma delas é que ele pode iniciar a arrecadação e os gastos eleitorais, de maneira lícita, antes dos candidatos. Isso decorre do fato de o partido não estar preso à "dura" regra exigida dos candidatos, que são os pré-requisitos do inciso I do art. 3º da Resolução TSE n. 23.607/2019, quais sejam:

- requerimento de registro;
- inscrição no CNPJ;
- abertura da conta bancária específica;
- possibilidade de emissão de Recibo Eleitoral, na forma da lei.

Registramos que os dois primeiros dependem da Justiça Eleitoral e do absoluto cuidado com as informações prestadas, essenciais ao procedimento inicial. Dessa maneira, qualquer dado ou informação inconsistente postergará sua conclusão, podendo comprometer o tempo de campanha.

Momento inicial da arrecadação eleitoral

Como dito, o partido pode chegar ao início da campanha já tendo arrecadado recursos eleitorais fora do período eleitoral. É certo que o partido pode arrecadar recursos com finalidade eleitoral de forma permanente, conforme dispõe o parágrafo 1º do art. 1º da Resolução TSE n. 23.607/2019: "Art. 1º Esta Resolução disciplina a arrecadação e os gastos de recursos por **partidos políticos** [...]. § 1º Os recursos arrecadados por **partido político fora do período eleitoral** são regulados pela resolução específica que trata das prestações de contas anuais dos partidos políticos" (Brasil, 2019e, grifo nosso).

Em paralelo à regra dos candidatos, no caso do partido, uma vez deferido o registro de seu candidato, o partido estaria autorizado a iniciar a arrecadação em seu nome, se assim dispuser o estatuto, de acordo com o que fixa a segunda parte do parágrafo 5º do art. 35 da Lei dos Partidos, a seguir transcrito:

Art. 35. [...]

[...]

§ 5º Em ano eleitoral, os partidos políticos poderão aplicar ou distribuir pelas diversas eleições os recursos financeiros recebidos de pessoas físicas e jurídicas, observando-se o disposto no § 1º do art. 23, no art. 24 e no § 1º do art. 81 da Lei nº 9.504, de 30 de setembro de 1997, e os critérios definidos pelos respectivos órgãos de direção e pelas normas estatutárias. (Incluído pela Lei n. 12.034/2009) (Brasil, 1995; 2009)

Devemos lembrar sempre que, por lei, o partido arrecada recursos eleitorais em nome próprio de modo indistinto, não individualizado, mas, como vimos, é livre para regulamentar a vacância da norma legal.

Aplicação de recursos não eleitorais

Mais uma vantagem é que o partido é autorizado a converter recursos não eleitorais em recursos eleitorais, com os quais poderá apoiar as ações iniciais, independentemente das ações de propaganda. Recordemos: uma das funções da propaganda eleitoral é a captação de recursos; nesse contexto, pela lógica, o candidato depende de investimentos em propaganda para atrair as doações de seus simpatizantes para sua campanha. Com isso, o partido poderá apoiar o candidato aplicando nas campanhas eleitorais os recursos não eleitorais.

Aplicação é também o procedimento descrito na norma legal para que o partido possa utilizar em campanha os recursos originalmente arrecadados para outras finalidades (conceito de aplicação). As regras de aplicação implicam atos de gestão e rigorosa documentação contábil e devem ser vistas como uma condição jurídica para a utilização dos recursos. Não obstante a autorização jurídica, a forma é determinante para a licitude da operação, e a utilização depende da transparência contábil, que é exigida em três importantes momentos, conforme estabelece a Resolução TSE n. 23.607/2019: (1) antes, no ano anterior ao da eleição, nas contas anuais do partido, esses recursos devem estar evidenciados como saldos disponíveis(art. 18, § 2º); (2) durante, nas contas eleitorais do partido, deve ser demonstrado o respeito às regras de aplicação (art. 18, II e III, § 1º); (3) depois, nas contas anuais, o partido deverá evidenciar como gastou, em campanha, aqueles saldos iniciais (art. 18, IV) (Brasil, 2019e).

Momento inicial do gasto eleitoral

Quando o partido assume a gestão da campanha, decidindo participar de maneira direta, o momento inicial do gasto eleitoral estará sob o controle do gestor, dependendo apenas de fatores "internos", e não de condições externas a serem superadas, como as anteriormente enumeradas com relação à regra dos candidatos. Ele pode, com isso, planejar os atos iniciais da campanha, aproveitando melhor o escasso tempo de campanha. E isso é feito por meio de contratações em regime de competência, tão logo confirmados os nomes de seus candidatos na convenção partidária.

Recibo de doação

Durante a campanha, a emissão de recibos pelo partido é diferente. De modo especial, durante o período eleitoral, ele emite recibos no Sistema de Prestação de Contas Anuais (SPCA). O art. 11 da Resolução TSE n. 23.604, de 17 de dezembro de 2019 (Brasil, 2019d), define que o prazo de emissão é de cinco dias contados do crédito em conta. Logo, tem-se aqui mais uma vantagem para o partido, pois, na regra para os candidatos, a emissão de recibos eleitorais deve ser imediata, no SPCE. Assim, para o partido, temos uma ordem cronológica independente e própria, não se confundindo com a ordem cronológica exigida no parágrafo 4º do art. 7º da Resolução n. 23.607/2019, que trata da emissão concomitante dos recibos eleitorais, em todas as modalidades.

5.2.3 Gasto eleitoral do partido (aplicação)

O gasto eleitoral somente ocorrerá quando o partido estiver participando diretamente da gestão da campanha. Além disso, todo gasto eleitoral do partido deve beneficiar ao menos um candidato e ser "repassado" para o candidato como uma doação estimável em valor equivalente ao valor aplicado. Vale lembrar que a doação estimável é uma transferência não financeira, e que a transferência financeira não é gasto.

A resolução eleitoral descreveu a regra de escrituração a ser adotada:

Art. 20. As despesas e os custos assumidos pelo partido político e utilizados em benefício de uma ou mais candidaturas devem ser registrados, observado o disposto no art. 38, § 2º, da Lei nº 9.504/1997:

I – integralmente como despesas financeiras na conta do partido;

II – como transferências realizadas de recursos estimáveis aos candidatos beneficiados, de acordo com o valor individualizado, apurado mediante o rateio entre todas as candidaturas beneficiadas, na proporção do benefício auferido, exceto para as doações estimáveis decorrentes de gastos partidários com honorários de serviços advocatícios e de contabilidade.

(Brasil, 2019e)

Na primeira etapa, há o registro integral da despesa financeira na conta contábil do partido. Ele deve ser realizado em vista da contratação, pelo princípio contábil da competência. Outrossim, o gasto deve ser integralmente registrado, antes de qualquer individualização, porque o ato deve ser contabilizado na íntegra, como constou, para que possa ser identificado pelo valor da operação e cotejado diretamente com a respectiva movimentação financeira em conta bancária, bem como com a documentação de comprovação da materialidade do gasto. É desta forma que as despesas e os custos são assumidos: o lançamento é feito reconhecendo-se esse fato contábil, provisionando-se o pagamento na conta de fornecedores.

Há uma segunda etapa, pois o partido que inicialmente registrou a operação não é o destinatário dos benefícios econômicos relativos ao gasto eleitoral, isto é, não figura como consumidor. É importante lembrar que esse benefício econômico não se perde no tempo, não se consome ou dilui; ele permanece simbolicamente ativo, como um estoque que deve ser destinado. Esse estoque de benefícios ativos é denominado *recurso estimável*. A norma jurídica determina que esse recurso estimável deve ser transferido ao verdadeiro beneficiário. Para tanto, o partido realizará uma doação simbólica, diminuindo o estoque desses benefícios. A fim de fazer isso, deverá estimar o benefício auferido, de modo proporcional ao que cada candidatura foi beneficiária, individualizando-o. Uma vez encontrado o valor do benefício individual, faz-se um registro de transferência-doação ao candidato beneficiário pelo valor equivalente.

5.2.4 Gastos individualizados

O gasto individualizado é o gasto eleitoral partidário realizado em benefício de uma única candidatura. Entretanto, é comum que ocorram **gastos globais** que beneficiem mais de uma candidatura. Quando isso ocorre, o gasto deverá ser individualizado para que seja registrado contabilmente em favor do beneficiário de forma proporcional ao benefício auferido: "Art. 18-A. Serão contabilizadas nos limites de gastos de cada campanha as despesas efetuadas pelos candidatos e as efetuadas pelos partidos que puderem ser individualizadas" (Brasil, 1997; 2015).

Esse procedimento é a individualização e deve preceder o registro contábil na escrituração, segregando as despesas em favor de cada candidato. A individualização também funciona como uma imputação do gasto no limite de campanha do candidato. No caso da individualização do material impresso pago pelo partido, os gastos relativos a cada um deles deverão constar na respectiva prestação de contas: "Art. 38 [...] § 2º Quando o material impresso veicular propaganda conjunta de diversos candidatos, os gastos relativos a cada um deles deverão constar na respectiva prestação de contas, ou apenas naquela relativa ao que houver arcado com os custos. (Incluído pela Lei n. 12.034/2009)" (Brasil, 1997; 2009).

Mesmo quando um candidato realiza o gasto, a regra que se impõe é a da individualização. Nesse caso, a Justiça Eleitoral tem optado pelo registro do gasto relativo a cada indivíduo, e não apenas àquele que houver arcado com os custos, abandonando-se a faculdade legal, uma vez que o benefício econômico chega para aquele que não pagou mediante doação estimável, exatamente como ocorre com o partido.

5.2.5 SEGREGAÇÃO CONTÁBIL

O art. 11 da resolução eleitoral prevê a necessidade de contas contábeis para o registro segregado da movimentação financeira de recursos eleitorais (Brasil, 2019e). Atentemos, então, para o fato de que a lógica contábil imporá a necessidade de contas para o registro da arrecadação segregado do registro dos gastos, em razão dos movimentos descritos na norma jurídica.

Na arrecadação eleitoral, são requeridas contas contábeis eleitorais segregadas para o registro da entrada de recursos eleitorais (arrecadação) por meio de doações, sendo necessária a conciliação dessa conta contábil com a conta bancária de doações para a campanha – elas devem ter saldos iguais, por definição. Com isso, tem-se uma conta contábil cuja finalidade é acumular, guardar os recursos, bem como registrar (conter) informações do doador originário, como nome e CPF.

No gasto eleitoral, com a participação do partido na campanha, que é marcada pela aplicação direta de recursos, surge outra necessidade, que é o registro do gasto eleitoral. Para tanto, deve ser utilizada uma conta específica para essa finalidade, qual seja, o **registro do gasto eleitoral não individualizado**. Se adotado o controle analítico dos gastos, serão necessárias tantas contas contábeis quanto for o número de candidatos beneficiários, com o propósito de acomodar o registro do gasto individualizado. Essa conta analítica deverá ter a mesma natureza e topologia da conta sintética e poderá receber lançamentos diretos ou lançamentos redutores da conta sintética, desde que se registre o ato de individualização do gasto.

5.2.6 Impessoalidade do partido

A impessoalidade é uma das vantagens da participação do partido na eleição, visto que todo o atrito provocado pela disputa por recursos de campanha, mesmo quando aplicada a melhor técnica, terá consequências diminuídas em relação à imagem pública de seu candidato. Isso decorre da real possibilidade do cometimento de erros e equívocos, que são riscos latentes de uma campanha. Até mesmo porque, eventualmente, podem ocorrer irregularidades alheias à vontade do candidato, por exemplo: (1) pela ingerência que se tem sobre os doadores; (2) por eventual fraude praticada por terceiros; (3) pela possibilidade de o fornecedor estar envolvido em prática ilícitas; (4) pela possibilidade de o fornecedor estar irregular junto às fazendas públicas. Além disso, eventuais ilícitos, ainda que indesejáveis, cometidos pelo partido terão menor força de reprovação social em razão da impessoalidade, que é característica das pessoas jurídicas.

5.2.7 Coordenação política

Outra vantagem da participação do partido está na valorização da coordenação política, normalmente feita pelo partido, segundo a máxima de que quem tem os recursos tem o poder (lembremos que os atos de campanha dependem da existência de recursos e, logo, de financiamento). Quando o partido é o provedor, fica mais fácil coordenar a campanha, principalmente nas relações com os candidatos às vagas proporcionais, bem como coordenar as ações entre majoritário e proporcional que dependam ou não de recursos, mesmo que o partido tenha captado os recursos "em nome dos candidatos".

5.2.8 Doação de bens e serviços de terceiros

Outra importante característica é que o partido não está sujeito à regra que proíbe o candidato de receber bens e serviços que não sejam do próprio doador, ou seja, o partido pode receber e transacionar bens e serviços de terceiros. Essa característica pode assumir relevância estratégica no planejamento de campanha, permitindo que o partido distribua os benefícios recebidos a candidatos e candidatas. Um exemplo é o que pode ocorrer com os serviços de contabilidade e advocacia.

Síntese

Em apartada síntese, podemos rever o conteúdo apresentado neste capítulo por meio do seguinte esquema:

1. Fontes normativas:
   - Lei dos Partidos Políticos (Lei n. 9.096/1995);
   - Lei das Eleições (Lei n. 9.504/1997);
   - Resolução Partidária TSE n. 23.604/2019;
   - Resolução Eleitoral TSE n. 23.607/2019.
2. Participação do partido político:
   - Distribuir – fonte de financiamento;
   - Aplicar – gestor de campanha.
3. Formas de participação do partido político:
   - Direta – gestor de campanha;
   - Indireta – fonte de financiamento;
   - Direta e indireta[1].

---

1   Na mesma campanha, para o mesmo candidato, outros candidatos na mesma eleição e até mesmo outros partidos ou outros candidatos, quando fica impedido de ser restituído.

4. Formas de aplicação de recursos[2]:
   - Transferência financeira – aplicação indireta, não é gasto.
   - Pagamento – individualizado ou não.
5. Limite de gastos do candidato (diferentes impactos):
   - Transferência é aplicação indireta, não é gasto.
   - Pagamento é aplicação direta, é gasto, logo impacta no limite.
6. Fontes de recursos para aplicação (arts. 18 e 19):
   - Recursos privados (art. 18);
   - Recursos do Fundo Partidário (art. 19).
7. Procedimento legal
7.1 Normas de aplicação de recursos privados (art. 18):
   - Transparência contábil no balanço anterior ou inicial (art. 18, § 2º);
   - Identificação, verificação, confirmação da origem;
   - Realizada pela tesouraria do partido;
   - Obediência às formas, aos limites e normas estatuárias (art. 18, II e III, §1º);
   - Exigem a segregação e identificação durante a campanha;
   - Devem ser registradas na prestação de contas eleitorais do partido;
   - Devem ser registradas na prestação de contas anuais do partido.
7.2 Normas de aplicação do Fundo Partidário (art. 19):
   - Transparência contábil no balanço do exercício anterior ou inicial (art. 19, *caput*);
   - Identificação, verificação, confirmação da origem;

---

2 O termo aplicação *também foi empregado para designar o procedimento legal a ser adotado quando o partido decide participar da campanha, utilizando-se de recursos não eleitorais.*

- Realizada pela tesouraria do partido;
- Obediência às formas, às normas estatuárias e às regras de materialidade (art. 19 e parágrafo 1º, I e II);
- Exigem a segregação e identificação durante a campanha, anotações relativas à origem e à transferência (art. 19, parágrafo 2º, 1ª parte);
- Devem ser registradas na prestação de contas anuais (PCA) do partido (art. 19, parágrafo 2º, 2ª parte);
- Devem ser registradas na prestação de contas eleitorais (PCE) do partido (art. 19, parágrafo 2º, 3ª parte);
- Permitir a identificação do destinatário, se direta (art. 19, parágrafo 2º, última parte);
- Permitir a identificação do beneficiário, se indireta (art. 19, parágrafo 2º, última parte);
- Respeitar as regras de destinação proporcional/mínima de recursos vinculados às candidaturas femininas;
- Respeitar as regras de destinação proporcional/mínima de recursos vinculados às candidaturas de negros.

Vale salientar que a destinação a essas finalidades específicas (mulheres e afrodescendentes) é ato de gestão partidária. A regra impõe a reserva de recursos para tal finalidade, não implicando segregação contábil ou financeira, mas exige prova de sua materialidade. A segregação financeira ou contábil é opção que visa facilitar a comprovação.

Questões para revisão

1. Quais as formas de participação do partido político nas eleições?
   a) Direta – gestor de campanha.
   b) Indireta – fonte de financiamento.
   c) Direta e indireta.
   d) Inerte – não participa.
   e) Todas as anteriores.

2. Assinale V para as opções verdadeiras e F para as falsas. O partido atua com vantagens:
   ( ) na pré-campanha.
   ( ) no início da campanha, na arrecadação.
   ( ) na coordenação política dos atos de campanha (agenda política).
   ( ) na emissão de recibos das doações.
   ( ) no início da campanha, na realização do gasto eleitoral.

3. Analise as assertivas a seguir.
   I) O partido deve atuar como gestor da campanha.
   II) O partido pode atuar como gestor da campanha.
   III) O partido é obrigado a atuar como gestor de campanha.

   Está correto o que se afirma em:
   a) III, apenas.
   b) I, apenas.
   c) I e II.
   d) todas as alternativas.
   e) nenhuma das alternativas.

4. Nas eleições, qual é o limite de doações para o partido?

5. Nas eleições, o partido político pode financiar gastos de outras legendas com recursos do fundo partidário? Comente.

Questões para reflexão

1. Na eleição municipal, o partido pode transferir recursos dos fundos públicos para os candidatos dos partidos coligados? Explique.

2. O partido político pode financiar gastos de outras legendas com recursos do Fundo Partidário? Explique.

Capítulo 6
Prestação de contas anuais

Conteúdos do capítulo

- Funcionamento da prestação de contas anuais dos partidos políticos.
- Contas não prestadas.
- Ausência de movimentação de recursos.
- Análise, diligências e julgamento.

Após o estudo deste capítulo, você será capaz de:

1. compreender que o partido está sujeito à prestação de contas, como um dever constitucional de transparência, e que a ciência contábil é a ferramenta para se atingir essa finalidade;
2. diferenciar prestação de contas e entrega das contas;
3. reconhecer a responsabilidade do gestor perante a sociedade e o alto grau de reprovação pela ausência de contas, no caso de contas não prestadas;
4. entender o procedimento de contas, suas etapas e as principais tarefas até o julgamento.

A transparência das informações em matéria financeira eleitoral vem ocupando cada vez mais um importante espaço na democracia brasileira. É certo que a transparência passa pelo registro contábil, que deve ser feito de modo concomitante aos fatos que lhe dão origem. É o que dispõe a denominada *resolução partidária* – Resolução TSE n. 23.604, de 17 de dezembro de 2019: "Art. 8º [...] § 1º [...] devendo ser registradas na prestação de contas de forma concomitante à sua realização com a inclusão da respectiva documentação comprobatória [...]" (Brasil, 2019c).

É fato conhecido que o princípio da competência "contábil" é a base para a aplicação do princípio constitucional da transparência. Na prática, a ausência dessa regra contábil esvazia o efeito jurídico da transparência; em nada adianta fazer publicar páginas vazias, cujo conteúdo deixou-se de lançar por falta de tempestividade. Exemplo disso é o que tem ocorrido com as contas eleitorais parciais, quando materialmente vazias. Entretanto, ainda não se exige o rigor, e a sociedade não está pronta para punir os eventuais descompassos entre o fato e o registro, sejam eles diários, sejam eles mensais, mas nunca anuais. Somente pela consciência do dano irreparável ao exercício do controle social é que a sociedade passará a exigir informações tempestivas, sob pena da reprovação social, capaz de afastar o tão almejado voto!

(6.1)
Conceito e fases do processo

Em breves palavras, *prestar contas* significa entregar à Justiça Eleitoral e à sociedade todas as informações contábeis e legais relativas ao exercício financeiro anterior, para demonstrar a lisura e a diligência dos atos do administrador probo, na condução dos interesses do partido. No procedimento de contas, que corre no Processo Judicial eletrônico (PJe), para reunir as informações adicionais exigidas por lei, tem-se o auxílio do Sistema de Prestação de Contas Anual (SPCA).

Tais informações complementam os elementos básicos e tradicionais produzidos pela *expertise* da informação contábil, e, ao final, é feita a juntada de alguns documentos específicos exigidos para o procedimento: ciência e aprovação internas das contas pelo órgão partidário, transmissão de escrituração ao sistema público, procuração do advogado, regularidade do profissional da contabilidade.

Tecnicamente, o processo de prestação de contas anuais dos partidos políticos pode ser reduzido a apenas três pontos: **finanças, contabilidade** e, obviamente, **apresentação das contas**. Finanças, porque reúne a prática dos atos de gestão – arrecadar e aplicar; contabilidade, porque participa da elaboração das contas, em razão de suas técnicas e do registro em tempo real, cronologicamente; e apresentação efetiva, que é chamada simbolicamente de *Prestação de Contas Anuais* (PCA), mas que depende, fundamentalmente, das duas etapas anteriores, de modo que aqueles que insistem em ignorar as fases anteriores estão fadados ao insucesso.

(6.2)
APRESENTAÇÃO DAS CONTAS: ENTREGA

A entrega das contas é o momento em que se reúnem os diversos elementos que vão compor a prestação de contas. Isso é feito em prazo certo e, hoje, ocorre por meio do uso de tecnologia tanto para o registro da informação contábil quanto para a reunião ou a juntada desses elementos no procedimento de contas que tramita sob a jurisdição de contas.

6.2.1 OBRIGAÇÃO E PRAZO

Devem prestar contas todos os entes partidários constituídos, em todas as esferas, ainda que tenham funcionado apenas em alguns meses do ano. O prazo de apresentação é 30 de junho do exercício seguinte.

Em 2021, houve a integração entre o SPCA e o PJe, para se realizar a autuação automática do procedimento no PJe, carregando-se as informações do SPCA, por ocasião do que se convencionou chamar de *fechamento*. Antes, em 2020, já havia sido utilizado o PJe, porém, a petição de juntada dos documentos e informações foi realizada manualmente pelo advogado, o que acarretou inúmeros transtornos, não só pela novidade, mas também pela grande quantidade de documentos anexos. Desde 2017, a escrituração é feita utilizando-se o SPCA, fornecido pela Justiça Eleitoral, disciplinado no art. 29 da Resolução TSE n. 23.604/2019: "Art. 29. O processo de prestação de contas partidárias tem caráter jurisdicional e deve ser composto das informações declaradas no sistema SPCA e dos documentos juntados nos autos da prestação de contas" (Brasil, 2019c).

6.2.2 Reabertura

Reabertura pressupõe fechamento. E por *fechamento* entende-se o encerramento da movimentação contábil (lançamentos) e consequente impossibilidade de sua alteração. Logo, eventual reabertura da movimentação no SPCA será considerada uma retificação dos dados e depende de petição ao juiz eleitoral ou, nos casos de diligência, de determinação judicial: "Art. 37. Se, do cumprimento de diligência, resultar alteração do conteúdo da prestação de contas, será admitida excepcionalmente a sua retificação após a autuação" (Brasil, 2019c).

Findo o prazo de reabertura assinado pelo juiz e certificado nos autos, a retificação no SPCA atualizará automaticamente as informações dos autos (demonstrativos) no PJe.

6.2.3 Transparência

Após a entrega, as contas são divulgadas na página do Tribunal Superior Eleitoral (TSE), que pode ser acessada por meio dos endereços eletrônicos:

- <http://DivulgaSPCA.tse.jus.br/>
- <https://divulgaspca.tse.jus.br/#/divulga/home>

Nesses mesmos endereços, é possível consultar, também, as contas dos anos anteriores, desde 2017, selecionando o ano correspondente, no ícone que exibe o ano das contas.

(6.3) Contas não prestadas

Anualmente é esperado um número próximo a 100 mil contas, das quais quase um terço resta como *contas não prestadas* em 2020. É ingenuidade do gestor acreditar que não há o que declarar. As contas anuais dos partidos também fazem parte de um cruzamento de dados (batimentos) em que a informação negativa é relevante. Isso para que a Justiça Eleitoral elimine hipóteses quanto ao financiamento, uma vez que um partido pode ser fonte de financiamento para qualquer outro, doando recursos arrecadados. Não há limites, tampouco barreiras administrativas ou ideológicas.

A resolução partidária exige a apresentação das contas mesmo em caso de informação negativa, que é a ausência de movimentação de recursos: "Art. 28 [...] § 3º A prestação de contas é obrigatória mesmo que não haja o recebimento de recursos financeiros ou estimáveis em dinheiro, devendo o partido apresentar sua posição patrimonial e financeira apurada no exercício" (Brasil, 2019c).

6.3.1 Princípios constitucionais

A PCA tem seus fundamentos nos princípios constitucionais do dever de prestar contas e, principalmente, é uma resposta à evolução teleológica do dever de transparência, ambos presentes na Constituição Federal de 1988 (Brasil, 1988). Ainda, o instituto PCA celebra a autonomia partidária: a gestão partidária é exercida com liberdade, porém condicionada ao dever de prestação de contas, sob um verdadeiro sistema de responsabilização eleitoral. As contas não prestadas ferem esses caros preceitos constitucionais, recebendo a máxima reprovação social, na forma da extinção da agremiação na localidade, sempre após o trânsito em julgado de ação específica com essa finalidade.

No mesmo feito, também prestam contas, além do partido, o presidente (dirigente) e o tesoureiro. Todos devem estar representados por advogados, em razão do caráter jurisdicional do processo. Dessa forma, na ausência de representação, as contas em questão serão consideradas não prestadas e, a partir dessa consequência, será aplicado o rito da extinção. Assim, temos duas situações: (1) a extinção por contas não prestadas; e (2) a extinção por ausência de representação[1].

6.3.2 Longanimidade e viés positivo

De outra frente, a resolução partidária estabelece que a simples ausência de documentos e informações do art. 29, parágrafos 1º e 2º (exceto

---

1 "[...] Por ocasião do julgamento da Instrução n. 0600749-95/DF, esta Corte Superior aprovou a alteração da Res.–TSE n. 23.607/2019 e revogou o § 3º do art. 74 dessa norma, que impunha o julgamento das contas como não prestadas na hipótese de ausência de procuração outorgando os devidos poderes ao patrono do candidato, passando a prevalecer o entendimento de que a inexistência de instrumento de mandato não pode representar, por si só, a não prestação de contas." (Brasil, 2022c)

a procuração), não enseja o julgamento das contas como não prestadas. Vejamos o teor do art. 45 da referida normativa:

Art. 45. [...]

§ 1º A ausência parcial dos documentos e das informações de que trata o art. 29, §§ 1º e 2º, não enseja o julgamento das contas como não prestadas se do processo constarem elementos mínimos que permitam a análise da prestação de contas.

§ 2º No caso do § 1º, a autoridade deve examinar se a ausência é relevante e compromete a regularidade das contas para aprovação c/ ressalvas ou desaprovação. (Brasil, 2019c)

Conforme o inciso IV do art. 45 da normativa, somente serão consideradas contas não prestadas se, por ocasião do julgamento das contas, no mister de se decidir sobre a regularidade,

a) depois de intimados na forma do art. 30, o órgão partidário e os responsáveis permanecerem omissos ou as suas justificativas não forem aceitas; ou

b) os documentos e as informações de que trata o art. 29, §§ 1º e 2º não forem apresentados, ou o órgão partidário deixar de atender às diligências determinadas para suprir a ausência que impeça a análise da movimentação dos seus recursos financeiros. (Brasil, 2019c)

Tais dispositivos exemplificam a longanimidade da Justiça Eleitoral[2], visto que, se do processo constarem elementos mínimos, haverá um esforço para que existam uma análise e um julgamento da prestação de contas, ainda que o provimento seja pela

---

2   Quando busca administrativamente os elementos necessários ao exercício de direitos e de garantias fundamentais.

reprovação1 "Art. 45. [...] § 2º No caso do § 1º (presença de elementos mínimos), a autoridade deve examinar se a ausência é relevante e compromete a regularidade das contas para aprovação c/ ressalvas ou desaprovação" (Brasil, 2019c). Contudo, nesse caso, terá havido o alcance da *longa manus* do Estado, pela prestação jurisdicional: é o que podemos chamar de uma espécie de *persecução eleitoral na seara das finanças e das responsabilidades eleitorais*, tomadas em sentido amplo.

Pelo exposto, podemos verificar a presença de um viés positivo em relação às contas; há um otimismo, uma expectativa de que tudo esteja alinhado com a lei. Com isso, a ausência de documentos deve ser relevante e capaz de comprometer a existência de um julgamento.

(6.4)
AUSÊNCIA DE MOVIMENTAÇÃO DE RECURSOS

A norma confere tratamento diferenciado, exclusivamente aos órgãos municipais, com relação à prestação da informação negativa e ao consequente cruzamento de dados. Em caso de ausência de movimentação financeira e econômica, ou seja, na ausência de doações estimáveis, as municipais devem apresentar a declaração da ausência de movimentação de recursos. É o que afirma a Lei n. 9.096, de 19 de setembro de 1995 (Brasil, 1995), pela redação dada pela Lei n. 13.831, de 17 de maio de 2019 (Brasil, 2019a): "§ 4º Os órgãos partidários municipais que não hajam movimentado recursos financeiros ou arrecadado bens estimáveis em dinheiro ficam desobrigados de prestar contas à Justiça Eleitoral [...]".

O parágrafo propõe duas **naturezas**[3] diferentes para os recursos: uma é financeira e outra é a arrecadação de "bens" estimáveis em

---
3   Conforme classificação estudada no Capítulo 2.

dinheiro. Entretanto, o termo *bens* tem conotação técnica e deve identificar elementos do ativo no patrimônio do partido, como é o caso das doações (benefícios econômicos). Ressaltamos que não se pode reduzir ou simplificar o significado do termo legal *bens*; não se trata da doação de uma cadeira ou de um veículo, trata-se de qualquer doação cujo valor é estimável em dinheiro, seja em bens, seja em serviços – tanto faz, na forma da legislação. Com isso, na prática, viu-se surgir uma interpretação rasa, leiga, com a qual não podemos concordar, criando-se hipótese de dispensa contrária aos dizeres da norma jurídica.

6.4.1 Declaração da ausência de movimentação de recursos

Nesse documento, o gestor da agremiação na localidade afirma, sob as penas da lei, a inexistência de movimentação: "Art. 32. [...] § 4º Os órgãos partidários municipais [devem exigir] [...] do responsável partidário, no prazo estipulado no caput deste artigo, a apresentação de declaração da ausência de movimentação de recursos nesse período" (Brasil, 1995; 2019a). Sob essa alegação, contas municipais não são prestadas. Entretanto, agremiações recebem, com certa frequência, doações estimáveis em dinheiro por vários motivos, por exemplo: doações de impressos, de publicidade, de serviços, entre outros – tudo passível de valoração econômica.

Logo, tal faculdade tem sido um desestímulo à organização e à estruturação administrativa dos órgãos partidários municipais, com importantes reflexos no ambiente da democracia partidária. Vale conferir o inteiro teor do citado parágrafo 4º do art. 32 da Lei n. 9.096/1995:

> *§ 4º Os órgãos partidários municipais que não hajam movimentado recursos financeiros ou arrecadado bens estimáveis em dinheiro ficam*

desobrigados de prestar contas à Justiça Eleitoral e de enviar declarações de isenção, declarações de débitos e créditos tributários federais ou demonstrativos contábeis à Receita Federal do Brasil, bem como ficam dispensados da certificação digital, exigindo-se do responsável partidário, no prazo estipulado no caput deste artigo, a apresentação de declaração da ausência de movimentação de recursos nesse período. (Brasil, 1995)

Ressaltamos que o fato de não haver movimentação financeira na conta bancária não quer dizer que não houve movimentação econômica em bens e serviços doados na forma estimável, a exemplo da dedicação do gestor e do advogado representantes.

(6.5)
Análise, diligências e julgamento

Podemos conceituar a *análise das contas* como um conjunto de atos administrativos e judiciais no procedimento e no processamento das contas, com vistas à verificação de ilegalidades, irregularidades e impropriedades. O **escopo da análise** é uma delimitação de intenções iniciais de auditoria e, na qualidade de ato administrativo da Justiça Eleitoral, devem ser conhecidas.

No caso dos partidos, conforme o art. 30 da Lei n. 9.096/1995, o escopo consiste na identificação da origem e da aplicação dos recursos destinados à finalidade eleitoral, que também é o objetivo da própria auditoria: "Art. 30. O partido político, através de seus órgãos nacionais, regionais e municipais, deve manter escrituração contábil, de forma a permitir o conhecimento da origem de suas receitas e a destinação de suas despesas" (Brasil, 1995).

Informações declaradas pelos partidos servem para um cotejamento entre as informações disponíveis e a PCA; com isso, verifica-se que o dever de escrituração contábil deve estar a serviço do escopo da auditoria, ou seja, a contabilidade é fornecedora de informações para a auditoria.

Erros formais ou materiais sem potencial para impedir o conhecimento da origem das receitas e a destinação das despesas não serão motivo de desaprovação. Nisso se incluem os eventuais erros, mesmo quando são aplicadas as melhores técnicas de escrituração. Os erros podem ser formais ou materiais; na maioria das vezes, tendem a ser formais, pelo equívoco na forma de se demonstrar a informação, já os essenciais ocorrem pelo equívoco quanto ao conteúdo material.

6.5.1 Conteúdo das contas

O processo de prestação de contas é composto de um conjunto de informações e documentos; assim, tem-se:

- as informações declaradas no sistema SPCA; e
- os documentos juntados nos autos da prestação de contas.

A **demonstração contábil** está entre os documentos a serem entregues à Justiça Eleitoral, no formato eletrônico. Não há um *layout* para o balanço do partido: informações são apresentadas como uma consequência das regras da escrituração contábil digital e da estrutura do plano de contas. Como visto, a contabilidade eleitoral carece de uma norma técnica específica. É certo que, se elaborada, a norma deverá formatar esse importante relatório contábil.

É importante destacar que as informações do SPCA são uma resposta à necessidade de **transparência** do processo de contas (conferindo alguma padronização), servem de base para a auditoria e atuam de modo complementar à contabilidade, atendendo, assim, às poucas exigências legais. A Lei n. 9.096/1995 orienta quanto ao conteúdo mínimo dos balanços:

> Art. 33. *Os balanços devem conter, entre outros, os seguintes itens:*
>
> *I – discriminação dos valores e destinação dos recursos oriundos do fundo partidário;*
>
> *II –* **origem** *e valor das contribuições e doações;*
>
> *III – despesas de caráter eleitoral, com a especificação e comprovação dos gastos com programas no rádio e televisão, comitês, propaganda, publicações, comícios, e demais atividades de campanha;*
>
> *IV – discriminação detalhada das* **receitas e despesas.** (Brasil, 1995, grifo nosso)

A Lei dos Partidos funciona como veículo normativo de normas legais específicas, exigindo conteúdos mínimos no demonstrativo contábil, também chamado de *balanço*. Tais conteúdos, uma vez conhecidos, devem ser imediatamente divulgados pela Justiça Eleitoral. A título de simplificação, reunimos, no Quadro 6.1, os 14 itens obrigatórios da PCA, mantendo a identificação dos incisos conforme o parágrafo 1º do art. 29 da resolução partidária, resumindo-os. Por outro lado, no Quadro 6.2, reunimos os 6 documentos que devem ser juntados no PJe, em até 5 dias, previstos no parágrafo 2º do mesmo art. 29.

Quadro 6.1 – Demonstrativos contábeis

Documentos de Identificação
IX – Extrato PCA e resumo financeiro do partido; XIV – notas explicativas;
I – Identificação dos presidentes e dos tesoureiros (ou equivalentes, inclusive os substitutos);
II – Contas bancárias; e III – conciliação.
Passivos
VII – Obrigações a Pagar; VIII – Demonstrativo de Dívidas de Campanha;
IV – Acordo de Dívidas – Art. 23.
Arrecadação e Gasto
V – **Fundo Partidário** – Demonstrativo do Recebido/Distribuído; XIII – **Fundo Partidário** – programas de promoção e difusão da participação política das mulheres;
VI – Doações Recebidas; XI – Contribuições Recebidas; XII – Sobras de Campanha, discriminando os valores recebidos e os valores a receber;
X – Demonstrativo de **Transferência** de Recursos para Campanhas Eleitorais **Efetuados** a Candidatos e Partidos, identificando a origem dos recursos distribuídos.

Fonte: Elaborado com base em Brasil, 2019c.

Quadro 6.2 – Juntada

Documentos de Identificação
I – Parecer da Executiva ou do Conselho Fiscal, se houver, sobre as respectivas contas;
II – Instrumento de constituição de advogado pelo partido e dirigentes responsáveis para PCA;
III – Certidão de Regularidade do CFC do profissional de contabilidade habilitado;
IV – Comprovante de remessa à RFB, da ECD, (art. 25);
V – Documentos fiscais – comprovar a efetivação dos gastos com Fundo Partidário;
VI – Cópia da GRU, se houve RONI/RFV (art. 14, *caput* e § 1º).

Fonte: Elaborado com base em Brasil, 2019c.

Verificada a ausência de qualquer desses documentos, preliminarmente, a Justiça Eleitoral deve intimar o órgão partidário e os responsáveis para complementar a documentação no prazo de 20 dias, conforme prevê o art. 35, parágrafo 3º, da Resolução TSE n. 23.604/2019 (Brasil, 2019c). Entretanto, ausente ou irregular a representação por advogado, o processo será suspenso por prazo razoável após a publicação do ato, sob pena de prosseguimento do feito, notificando-se o órgão e os responsáveis.

6.5.2 Publicação

Após a apresentação das contas, que ocorre com a entrega efetiva à Justiça Eleitoral de informações e documentos reunidos e confirmados, como um procedimento (juízo de conhecimento), o juiz determinará a publicação de edital contendo as demonstrações contábeis ou popularmente o balanço anual do partido, conforme o art. 31 da resolução partidária: "Art. 31. [...] § 2º A Secretaria do Tribunal ou o Cartório Eleitoral deve publicar edital para que, no prazo de cinco dias, o Ministério Público ou qualquer partido político possa impugnar a prestação de contas apresentada, bem como relatar fatos, indicar provas" (Brasil, 2019c). Observemos, aqui, o exercício do controle social por meio do dever de transparência exigido no procedimento de contas. É o controle dos pares.

6.5.3 Impugnação de contas

Segundo o objeto da impugnação dos partidos prevista no parágrafo único do art. 35 da Lei Partidária (Lei n. 9.096/1995), a hipótese de cabimento é contra ato que viole as prescrições legais ou os comandos estatutários a que, em matéria financeira, os partidos e seus filiados estejam sujeitos:

Art. 35. [...]

Parágrafo único. O partido pode examinar, na Justiça Eleitoral, as prestações de contas mensais ou anuais dos demais partidos, quinze dias após a publicação dos balanços financeiros, aberto o prazo de cinco dias para impugná-las, podendo, ainda, relatar fatos, indicar provas e pedir abertura de investigação para apurar qualquer ato que viole as prescrições legais ou estatutárias a que, em matéria financeira, os partidos e seus filiados estejam sujeitos. (Brasil, 1995)

A lei determina, portanto, que, após 15 dias da publicação dos balanços financeiros, inicia-se o prazo de 5 dias para a impugnação pelos partidos e pelo Ministério Público, únicos legitimados, como um remédio jurídico legal.

O art. 31 da resolução partidária repete o comando do art. 35 da Lei n. 9.096/1995, incluindo o Ministério Público Eleitoral (MPE) no polo ativo para impugnar a prestação de contas:

Art. 31. [...]

[...]

§ 2º A Secretaria do Tribunal ou o Cartório Eleitoral deve publicar edital para que, no prazo de cinco dias, o Ministério Público ou qualquer partido político possa impugnar a prestação de contas apresentada, bem como relatar fatos, indicar provas e pedir abertura de investigação para a apuração de qualquer ato que viole as prescrições legais ou estatutárias a que, em matéria financeira, os partidos e seus filiados estejam sujeitos. (Brasil, 2019c)

É importante ressaltar que a impugnação ou sua ausência não alteram a análise das contas, tampouco impedem a atuação do MPE como fiscal da lei.

Denúncia fundamentada

Na resolução partidária, art. 14, parágrafo 6º, temos a previsão da denúncia fundamentada com finalidade de obstar a utilização de recuros irregulares (Brasil, 2019c). Observamos, aqui, o caráter temporal da norma, cuja incidência se dá ainda durante o exercício financeiro, e não só após a prestação de contas. Em razão desse dispositivo, notamos a índole do controle social pretendido pela normativa, porém muito pouco percebido pela sociedade.

Art. 14. O recebimento [...]

[...]

§ 6º A autoridade judicial, à vista de denúncia fundamentada de filiado ou delegado de partido, de representação do Procurador- Geral ou Regional ou de iniciativa do Corregedor, diante de indícios de irregularidades na gestão financeira e econômica do partido, pode determinar as diligências e as providências que julgar necessárias para obstar a utilização de recursos de origem não identificada ou de fonte vedada e, se julgada procedente a denúncia, propor a aplicação das providências previstas no art. 35 da Lei nº 9.096/1995. (Brasil, 2019c)

Nesse sentido, as providências legais são:

1. Exame da escrituração do partido;
2. Apuração de qualquer ato que viole as prescrições em matéria financeira;
3. Determinação da quebra de sigilo bancário das contas dos partidos;
4. Apuração de fatos vinculados à denúncia (investigação).

Representação do partido: Ação Autônoma de Investigação de Contas Partidárias (AICP)

A eventual impugnação de contas não se confunde com a ação de investigação da Justiça Eleitoral, que deve ser autuada de forma apartada, na classe processual *representação*, conforme o rito processual do art. 22 da Lei Complementar n. 64, de 18 de maio de 1990 (Brasil, 1990), sem suspender o exame e a tramitação do processo de prestação de contas.

> Art. 31. [...] § 4º O requerimento de abertura de investigação para apurar ato que viole as prescrições legais ou estatutárias pode ser apresentado por qualquer partido político ou pelo MPE em ação autônoma, que deve ser autuada na classe Representação e processada na forma do art. 22 da Lei Complementar nº 64, de 18 de maio de 1990, sem suspender o exame e a tramitação do processo de prestação de contas. (Brasil, 2019c)

Constatamos, aqui, a nítida influência da independência das instâncias e a finalidade útil do processo, ainda que exercidas pela mesma autoridade judicial. O processamento das contas tende a um provimento judicial pelo viés positivo da aprovação, comportamento esperado dos *players* no sistema eleitoral. Somente diante da ruptura desse viés positivo, unilateralmente, é que se faz nascer uma outra pretensão punitiva estatal cujo provimento poderá ser diferente do julgamento das contas. Em outras palavras, contas aprovadas não fazem coisa julgada em relação a outros ilícitos, identificados ou não no bojo das contas.

Denúncia de filiado

A denúncia de filiado é um remédio jurídico de índole interna contra os atos de má gestão, muito pouco utilizado. A Lei dos Partidos prevê a denúncia de filiado (e demais legitimados), na hipótese de cabimento do art. 35, contra ato que viole as prescrições legais ou estatutárias do partido:

> Art. 35. O Tribunal Superior Eleitoral e os Tribunais Regionais Eleitorais, à vista de denúncia fundamentada de filiado ou delegado de partido, de representação do Procurador-Geral ou Regional ou de iniciativa do Corregedor, determinarão o exame da escrituração do partido e a apuração de qualquer ato que viole as prescrições legais ou estatutárias a que, em matéria financeira, aquele ou seus filiados estejam sujeitos, podendo, inclusive, determinar a quebra de sigilo bancário das contas dos partidos para o esclarecimento ou apuração de fatos vinculados à denúncia. (Brasil, 1995)

Apenas para recapitular, o art. 3º da resolução dos partidos exige que os estatutos contenham normas complementares e específicas em mantéria financeira, como transcrevemos:

> Art. 3º Os estatutos de partidos políticos devem conter disposições que tratem, especificamente, das seguintes matérias:
>
> I – finanças e contabilidade, estabelecendo, inclusive, normas que fixem os limites das contribuições dos filiados e que definam as diversas fontes de receita do partido;
>
> II – critérios de distribuição dos recursos do Fundo Partidário entre os órgãos de âmbito nacional, estadual ou distrital, municipal e zonal;
>
> III – critérios de integridade aplicados à gestão de finanças e contabilidade dos partidos políticos. (Brasil, 2019c)

Esse conjunto de normas é um verdadeiro elogio à democracia intrapartidária, quase um soneto, que a dura realidade insiste em ignorar. Na prática, a matéria financeira é sempre estabelecida ao bom alvitro do legislador. Nada se acrescenta!

Defesa preliminar

Quando do recebimento da petição de impugnação, esta é juntada ao processo de contas, sendo determinada a intimação dos advogados do órgão partidário e de seus representantes, por ordem do juiz ou relator, para que esses primeiros apresentem defesa em 15 dias, requerendo a produção de provas, sob pena de preclusão.

Art. 31. [...]

[...]

§ 3º A impugnação à prestação de contas deve ser formulada em petição fundamentada dirigida ao juiz ou ao relator, que, ao recebê-la, deve determinar sua juntada no processo de prestação de contas e intimar o órgão partidário e os responsáveis, na pessoa dos seus advogados, para que apresente defesa preliminar, no prazo de 15 (quinze) dias, requerendo as provas que entender necessárias, sob pena de preclusão. (Brasil, 2019c)

Em caso de impugnação, é fundamental o exercício da defesa, trazendo ao processo todos os elementos de prova disponíveis e capazes de demonstrar a realidade, uma vez que não haverá um julgamento apartado quanto ao tema da denúncia.

6.5.4 ANÁLISE

Prestigiando a autonomia partidária, a Lei n. 9.096/1995, art. 34, parágrafo 1º, veda a análise das atividades político-partidárias, assim como a opinião ou interferência no procedimento (Brasil, 1995). A resolução partidária descreve o procedimento de análise preliminar e o exame técnico de forma mais detalhada e organizada que a lei, razão pela qual passamos a examinar seus dispositivos.

Análise preliminar

A análise preliminar limita-se a verificar se todas as peças constantes do art. 29, parágrafos 1º e 2º, da Lei n. 9.096/1995 foram devidamente apresentadas.

Técnica de amostragem

No exame técnico de contas, poderá ainda ser utilizada a técnica de amostragem, condicionada ao plano de amostragem previamente autorizado pela autoridade judicial – art. 36, parágrafo 12, da Resolução TSE n. 23.604/2019 (Brasil, 2019c). A análise preliminar limita-se a verificar se todas as peças constantes do art. 29, parágrafos 1º e 2º, da Lei n. 9.096/1995, foram devidamente apresentadas.

Exame técnico

Exame técnico tem por escopo identificar a origem das receitas e a destinação das despesas com as atividades partidárias e eleitorais, mediante avaliação formal dos documentos contábeis e fiscais apresentados pelos partidos políticos e pelos candidatos, em busca da regularidade e em virtude de um viés positivo.

Regularidade, portanto, é o alinhamento material e formal com as normas jurídicas e contábeis no que se refere a finanças, à contabilidade e à prestação de contas. Por sua vez, o alinhamento material ocorre pela efetiva execução do serviço ou pela aquisição de bens e pela sua necessária vinculação às atividades partidárias. Já o alinhamento formal acontece pelo exato cumprimento das normas previstas no inciso II do *caput* e no art. 2º da resolução partidária (Brasil, 2019c), em conformidade com as disposições estabelecidas nos seguintes diplomas:

- Constituição Federal (Brasil, 1988);
- Lei n. 9.096/1995 (Brasil, 1995);

- Lei n. 9.504/1997 (Brasil, 1997);
- Lei n. 12.527, de 18 de novembro de 2011 (Brasil, 2011);
- Normas brasileiras de contabilidade do Conselho Federal de Contabilidade;
- Outras normas expedidas pelo TSE;
- As normas das resoluções, que não desobrigam o partido político e seus dirigentes do cumprimento de outras obrigações principais e acessórias, de natureza administrativa, civil, fiscal ou tributária, previstas na legislação vigente.

Para o alinhamento formal, no exame técnico, a regularidade exige a verificação objetiva dos seguintes itens:

Art. 36. [...]

I – o cumprimento de norma legal ou regulamentar de natureza financeira;

II – a regularidade na distribuição e na aplicação de recursos oriundos do Fundo Partidário; especificando o percentual de gastos irregulares em relação ao total de recursos;

III – a origem dos recursos, observadas as fontes vedadas e RONI, dos arts. 12 e 13;

IV – a conformidade das receitas e dos gastos com a movimentação financeira dos extratos;

V – os limites previstos no art. 44 da Lei n. 9.096/1995, em relação aos seguintes gastos:

a) pagamento de pessoal, a qualquer título;

b) criação e manutenção de instituto ou fundação de pesquisa e de doutrinação e educação política;

c) *criação e manutenção de programas de promoção e difusão da participação política das mulheres;*

d) *destinação ou reserva para futura destinação de recursos ao financiamento de candidaturas do partido;*

VI – da pertinência e validade dos comprovantes de receitas e gastos; e

VII – dos fatos apontados na impugnação, se houver. (Brasil, 2019c)

Adicionalmente, para orientar o exame, a unidade técnica pode solicitar do órgão partidário:

- documentos ausentes ou complementares;
- informações e respectivos documentos para verificação da autenticidade dos doadores, dos fornecedores ou dos prestadores de serviço.

Diligências

O poder de diligência é legalmente concedido à autoridade judicial em razão da necessidade de efetividade do exercício da jurisdição de contas, objetivando o resultado útil do processo e a celeridade. É o que se pode verificar na Lei dos Partidos Políticos:

Art. 37 [...]

§ 1º. A Justiça Eleitoral pode determinar diligências necessárias à complementação de informações ou ao saneamento de irregularidades encontradas nas contas dos órgãos de direção partidária ou de candidatos. (Parágrafo renumerado pela Lei n. 9.693, de 27 de julho de 1998) (Brasil, 1995; 1998)

Além das solicitações complementares previstas nos parágrafos 3º e 4º, que são feitas ora ao partido, ora aos órgãos públicos, a autoridade judicial determinará de ofício as diligências que reputar necessárias, estipulando prazo de até 30 dias para o seu cumprimento ou mediante provocação:

- da unidade técnica;
- do MPE;
- do impugnante;
- do partido ou dos responsáveis.

O não atendimento das diligências pode sujeitar o infrator à sanção, a ser apurada em processo próprio de iniciativa do MPE, sem prejuízo de outras cominações legais cabíveis.

Os órgãos partidários são livres para o exercício da boa-fé. Isso significa que podem apresentar documentos hábeis, para esclarecer questionamentos ou sanear eventuais irregularidades apontadas em relatórios preliminares ou conclusivos, desde que não tenham perdido a oportunidade de fazê-lo no momento específico indicado no processo e antes da decisão proferida, nunca depois, justamente para que não seja alegado o cerceamento de defesa (art. 37, § 11, Lei n. 9.096/1995). Nesse sentido, a lei ainda traz uma hipótese de atendimento intempestivo às diligências, desde que não se tenha concedido prazo específico no processo, o que, em caso contrário, estaria sob os efeitos da preclusão, que é a impossibilidade jurídica de realizar o ato fora do prazo.

Art. 37. [...]

[...]

§ 11. Os órgãos partidários poderão apresentar documentos hábeis para esclarecer questionamentos da Justiça Eleitoral ou para sanear

irregularidades a qualquer tempo, enquanto não transitada em julgado a decisão que julgar a prestação de contas. (Incluído pela Lei n. 13.165, de 2015) (Brasil, 1995; 2015)

Como se vê, a resposta do partido, para provar os fatos alegados, foi limitada em razão da necessidade de se obter um provimento útil em tempo razoável.

6.5.5 MINISTÉRIO PÚBLICO ELEITORAL (MPE)

O MPE poderá apontar eventuais irregularidades não identificadas pela Justiça Eleitoral no prazo de até 30 dias, sob pena de preclusão.

6.5.6 DEFESA

Após prazo do MPE, serão intimados o órgão partidário e seus responsáveis para apresentar defesa das falhas indicadas nos autos.

Produção de provas

Na mesma oportunidade, é possível requerer a produção de provas, sob pena de preclusão, no prazo improrrogável de 30 dias.

Art. 34. A Justiça Eleitoral exerce a fiscalização sobre a prestação de contas do partido e das despesas de campanha eleitoral, devendo atestar se elas refletem adequadamente a real movimentação financeira, os dispêndios e os recursos aplicados nas campanhas eleitorais, exigindo a observação das seguintes normas: (Redação dada pela Lei nº 13.165, de 2015)

I – obrigatoriedade de designação de dirigentes partidários específicos para movimentar recursos financeiros nas campanhas eleitorais; (Redação dada pela Lei nº 13.165, de 2015)

II – (revogado); (Redação dada pela Lei nº 13.165, de 2015)

III – relatório financeiro, com documentação que comprove a entrada e saída de dinheiro ou de bens recebidos e aplicados; (Redação dada pela Lei nº 13.165, de 2015)

IV – obrigatoriedade de ser conservada pelo partido, por prazo não inferior a cinco anos, a documentação comprobatória de suas prestações de contas; (Redação dada pela Lei nº 13.165, de 2015)

V – obrigatoriedade de prestação de contas pelo partido político e por seus candidatos no encerramento da campanha eleitoral, com o recolhimento imediato à tesouraria do partido dos saldos financeiros eventualmente apurados. (Redação dada pela Lei nº 13.165, de 2015)

§ 1º A fiscalização de que trata o caput tem por escopo identificar a origem das receitas e a destinação das despesas com as atividades partidárias e eleitorais, mediante o exame formal dos documentos fiscais apresentados pelos partidos políticos e candidatos, sendo vedada a análise das atividades político-partidárias ou qualquer interferência em sua autonomia. (Redação dada pela Lei nº 13.165, de 2015)

§ 2º Para efetuar os exames necessários ao atendimento do disposto no caput, a Justiça Eleitoral pode requisitar técnicos do Tribunal de Contas da União ou dos Estados, pelo tempo que for necessário. (Incluído pela Lei nº 12.891, de 2013)

§ 3º (VETADO). (Incluído pela Lei nº 13.877, de 2019)

§ 4º Para o exame das prestações de contas dos partidos políticos, o sistema de contabilidade deve gerar e disponibilizar os relatórios para conhecimento da origem das receitas e das despesas. (Incluído pela Lei nº 13.877, de 2019)

§ 5º Os relatórios emitidos pelas áreas técnicas dos tribunais eleitorais devem ser fundamentados estritamente com base na legislação eleitoral e nas normas de contabilidade, vedado opinar sobre sanções aplicadas aos partidos políticos, cabendo aos magistrados emitir juízo de valor. (Incluído pela Lei nº 13.877, de 2019)

§ 6º A Justiça Eleitoral não pode exigir dos partidos políticos apresentação de certidão ou documentos expedidos por outro órgão da administração pública ou por entidade bancária e do sistema financeiro que mantêm convênio ou integração de sistemas eletrônicos que realizam o envio direto de documentos para a própria Justiça Eleitoral. (Incluído pela Lei nº 13.877, de 2019) (Brasil, 1995)

6.5.7 JULGAMENTO

O julgamento deve ocorrer conforme determina o art. 45 da Resolução TSE n. 23.604/2019:

Art. 45. Compete da Justiça Eleitoral decidir a regularidade das contas partidárias, julgando:

*I – pela **aprovação**, quando estiverem regulares;*

*II – pela **aprovação com ressalvas**, quando verificadas impropriedades de natureza formal, falhas ou ausências irrelevantes;*

*III – pela **desaprovação**, quando:*

*a) verificada **irregularidade** que comprometa a integralidade das contas;*

b) *apresentados apenas parcialmente os documentos e as informações de que trata o art. 29, §§ 1º e 2º, e não seja possível verificar a movimentação financeira do órgão partidário; ou*

c) *verificado que a declaração de que trata o § 4º, art. 28 não corresponde à verdade.* (Brasil, 2019c, grifo nosso)

Aprovação

O viés positivo se vale pela aprovação sem ressalvas, sempre que constatada a ausência de irregularidades. O viés positivo sempre estará presente enquanto (ou até que) não haja interferência, que pode ser manifestada pela própria Justiça Eleitoral ou por provocação externa e pelos seguintes mecanismos:

- **social**, exercido pelos legitimados em eventual impugnação;
- **técnico**, da Justiça Eleitoral, dos batimentos e das análises;
- **jurídico**, feito pelo Ministério Público.

A aprovação das contas produz os efeitos esperados na esfera moral dos gestores motivados pela demonstração de lisura e transparência.

Aprovação com ressalvas

As ressalvas às contas podem surgir quando o viés positivo é retirado. E isso pode ocorrer em razão de falhas formais e até mesmo materiais, desde que não comprometam o escopo da auditoria. Em outras palavras, as falhas e as irregularidades que não impeçam a demonstração e a análise da origem e destinação dos recursos não serão motivo para a desaprovação, mas, uma vez avaliado o impacto da irregularidade sobre o total das contas, havendo proporcionalidade, as contas serão aprovadas com essa ressalva.

Desaprovação

Devido à necessidade de reunir e demonstrar claramente as consequências da desaprovação das contas, citamos o texto da Lei dos Partidos relativamente a alguns parágrafos de seus arts. 32 e 37:

Art. 32. [...]

[...]

§ 5º A desaprovação da prestação de contas do partido não ensejará sanção alguma que o impeça de participar do pleito eleitoral. (Incluído pela Lei nº 13.165, de 2015)

[...]

§ 8º As decisões da Justiça Eleitoral nos processos de prestação de contas não ensejam, ainda que desaprovadas as contas, a inscrição dos dirigentes partidários no Cadastro Informativo dos Créditos não Quitados do Setor Público Federal (Cadin). (Incluído pela Lei nº 13.831, de 2019)

[...]

*Art. 37. A desaprovação das contas do partido implicará exclusivamente a **sanção de devolução** da importância apontada como irregular, acrescida de **multa de até 20%** (vinte por cento). (Redação dada pela Lei nº 13.165, de 2015)*

[...]

§ 2º A sanção a que se refere o caput *será aplicada exclusivamente à esfera partidária responsável pela irregularidade, não suspendendo o registro ou a anotação de seus órgãos de direção partidária nem tornando devedores ou inadimplentes os respectivos responsáveis partidários.*

[...]

§ 5º As prestações de contas desaprovadas pelos Tribunais Regionais e pelo Tribunal Superior poderão ser revistas para fins de aplicação proporcional da sanção aplicada, mediante requerimento ofertado nos autos da prestação de contas. (Incluído pela Lei nº 12.034, de 2009)

[...]

§ 14. O instituto ou fundação de pesquisa e de doutrinação e educação política não será atingido pela sanção aplicada ao partido político em caso de desaprovação de suas contas, exceto se tiver diretamente dado causa à reprovação. (Incluído pela Lei nº 13.165, de 2015) (Brasil, 1995, grifo nosso)

Da mesma forma, transcrevemos a íntegra do art. 36 da Lei dos Partidos, no intuito de descrever objetivamente as sanções aplicáveis:

Art. 36. Constatada a violação de normas legais ou estatutárias, ficará o partido sujeito às seguintes sanções:

I – no caso de recursos de origem não mencionada ou esclarecida, fica suspenso o recebimento das quotas do fundo partidário até que o esclarecimento seja aceito pela Justiça Eleitoral;

II – no caso de recebimento de recursos mencionados no art. 31 (RFV), fica suspensa a participação no fundo partidário por um ano;

III – no caso de recebimento de doações cujo valor ultrapasse os limites previstos no art. 39, § 4º, fica suspensa por dois anos a participação no fundo partidário e será aplicada ao partido multa correspondente ao valor que exceder aos limites fixados. (Brasil, 1995)

Ainda, há destaque para os efeitos da sentença de desaprovação:

Art. 37 [...]

[...]

§ 13. *A responsabilização pessoal civil e criminal dos dirigentes partidários decorrente da desaprovação das contas partidárias e de atos ilícitos atribuídos ao partido político somente ocorrerá se verificada irregularidade grave e insanável resultante de conduta dolosa que importe enriquecimento ilícito e lesão ao patrimônio do partido. (Incluído pela Lei n. 13.165, de 2015)*

[...]

§ 15. *As responsabilidades civil e criminal são subjetivas e, assim como eventuais dívidas já apuradas, recaem somente sobre o dirigente partidário responsável pelo órgão partidário à época do fato e não impedem que o órgão partidário receba recurso do fundo partidário. (Incluído pela Lei n. 13.831, de 2019)* (Brasil, 1995)

6.5.8 Cadastro de contas

O Sistema de Informações de Contas (Sico) foi criado para permitir o registro e o controle do *status* do andamento do julgamento das contas eleitorais e partidárias do Brasil. Por meio de consulta direta a um banco de dados, o interessado tem acesso aos resultados dos julgamentos. É possível consultar também o módulo do Sico de consulta por período de suspensão do repasse de quotas dos diretórios partidários, assim como o *status* do julgamento consolidado das contas partidárias dos diretórios nacionais.

6.5.9 Núcleo de Inteligência da Justiça Eleitoral (Nije)

Desde as eleições de 2016, foi criado o Núcleo de Inteligência da Justiça Eleitoral (Nije), que, além do TSE, reúne outros seis órgãos federais: Receita Federal do Brasil (RFB); Conselho de Controle de Atividades Financeiras (Coaf); Ministério Público Eleitoral (MPE); Departamento de Polícia Federal (DPF); Tribunal de Contas da União (TCU); e Ministério da Cidadania.

Em um ambiente de desconfiança e risco de um possível aumento de casos de caixa dois, abuso de poder econômico e desvio de finalidade do gasto eleitoral, após a decisão do Supremo Tribunal Federal (STF) na Ação Direta de Inconstitucionalidade (ADI) n. 4.650-DF (Brasil, 2016), que declarou inconstitucional a doação de empresas a candidatos e partidos políticos.

Durante o período eleitoral, semanalmente, o TSE faz rodadas de identificação dos dados, contemplando todas as receitas e despesas declaradas por candidatos e partidos políticos à Justiça Eleitoral, em âmbito nacional. Não há um levantamento por região, Unidade da Federação ou município.

Toda segunda-feira, de modo transparente, o resultado da rodada é finalizado e compartilhado com os parceiros institucionais do Núcleo de Inteligência. Quando os números são mais expressivos, o TSE faz uma análise desses dados e divulga o resultado em seu *site*, paralelamente ao trabalho permanente da Justiça Eleitoral de educação e conscientização dos partidos, dos candidatos e da sociedade brasileira.

Esses dados são utilizados na verificação e análise de possíveis ilícitos eleitorais em sede de julgamento das contas.

Inicialmente, o Coaf colaborava com a verificação e a análise de ilícitos eleitorais relacionados ao financiamento empresarial de campanha, proibido desde as Eleições de 2016. Em 2020, passou a auxiliar o TSE a identificar candidaturas ligadas a organizações criminosas, analisando uma lista fornecida pela Corte Eleitoral com mais de 500 mil registros de candidatos aos cargos de prefeito, vice-prefeito e vereador no último pleito. Desse número, 16 mil candidatos realizaram o dobro em operações suspeitas. Em casos de suspeitas, são emitidos os Relatórios de Inteligência Financeira (RIFs).

Na última eleição, o Coaf divulgou, em seu *site*, nota destacando alguns sinais de alerta detectados, da qual transcrevemos a seguinte lista:

- *Candidato sócio de empresa licitante e contratada por órgãos públicos, com movimentações expressivas;*
- *Candidato que envia e recebe recursos de empresas contrapartes sem aparente justificativa nem vínculo aparente, sendo estas constituídas, principalmente, por pessoas sem capacidade econômica;*
- *Candidato investigado por envolvimento em crimes de lavagem de dinheiro, tráfico de drogas, gestão fraudulenta, evasão de divisas e operação irregular de instituição financeira;*
- *Empresa com movimentação financeira suspeita cujo sócio é candidato e investigado por lavagem de dinheiro e associação com organização criminosa;*
- *Candidato investigado por suposto envolvimento em esquema relacionado a funcionários-fantasmas, bem como a casos de corrupção e desvio de verbas públicas, citado como contraparte em movimentação de terceiro;*
- *Movimentação financeira de candidato com indícios de sonegação fiscal e crime de lavagem de dinheiro; e*
- *Candidato, que ocupa cargo de vereador, recebe e envia recursos para servidores públicos sem vínculo aparente.* (Coaf, citado por TSE, 2022)

Síntese

O dever de transparência é objetivo. Isso quer dizer que o gestor do partido deve ser proativo em relação às informações prestadas à sociedade, e não somente ao julgamento da Justiça Eleitoral.

As contas são aprovadas se estiverem presentes todos os elementos "esperados" e se ausente qualquer manifestação em sentido contrário.

Atualmente, o Nije presta um importante auxílio "eletrônico" para a Justiça Eleitoral, subsidiando a análise das contas a partir de dados reais, sem que isso retire ou altere o poder de diligência exercido pela Justiça Eleitoral, demandando o partido para a produção de provas em seu favor.

Questões para revisão

1. Sobre a ausência de prestação de contas anuais, assinale V para as afirmativas verdadeiras e F para as falsas:
   ( ) Resulta naturalmente da ausência de escrituração.
   ( ) É uma consequência da não abertura das contas bancárias.
   ( ) Pode levar à extinção do partido na localidade.
   ( ) É obrigatória caso não haja recebimento de recurso.
   ( ) Configura prova negativa necessária.

2. Com relação à Declaração de Ausência de Movimentação, analise as assertivas a seguir.
   I) Não arrecadar bens estimáveis em dinheiro desobriga que seja prestada.
   II) Somente arrecadar bens estimáveis em dinheiro desobriga que seja prestada.
   III) Deve ser feita caso não se tenham movimentado recursos financeiros.
   IV) Deve ser feita caso se tenham movimentado recursos financeiros.

Está correto o que se afirma em:

a) II e VI.
b) I, apenas.
c) I e III.
d) todas as alternativas.
e) nenhuma das alternativas.

3. Sobre o julgamento das contas, analise as assertivas a seguir.
   I) São aprovadas quando estão regulares.
   II) Não são aprovadas quando há ressalvas.
   III) São aprovadas apenas quando verificadas impropriedades de natureza formal, falhas ou ausências irrelevantes.
   IV) São desaprovadas quando verificada irregularidade que não comprometa a integralidade das contas.

   Está correto o que se afirma em:

   a) II e IV.
   b) I, apenas.
   c) I e III.
   d) todas as alternativas.
   e) nenhuma das alternativas.

4. Quanto à desaprovação das contas, assinale V para as afirmativas verdadeiras e F para as falsas:
   ( ) Não ensejará sanção que impeça o partido de participar da eleição.
   ( ) A sanção é aplicada na esfera partidária responsável pela irregularidade.
   ( ) Não suspende o registro ou a anotação de órgãos de direção partidária.

( ) Não torna devedores ou inadimplentes os respectivos responsáveis partidários.
( ) Não enseja a inscrição dos dirigentes partidários no Cadin.
( ) Pode ser revista para fins de aplicação proporcional da sanção aplicada, mediante requerimento nos próprios autos.

5. Por que a ausência de prestação de contas pode causar a extinção do partido político?

6. Quais são as formas de controle social das contas anuais, ainda pouco reconhecido pela sociedade?

Questões para reflexão

1. Como deve ser processada a defesa preliminar em caso de impugnação?

2. Di Pietra (2016) adota dois conceitos já existentes no léxico, entretanto, utiliza o adjetivo *eleitoral* nas expressões: *múnus público eleitoral* e *viés positivo eleitoral*. Explique essa opção.

Considerações finais

Por todo o exposto nesta obra, podemos concluir que o partido não tem liberdade plena para a prática dos atos de gestão: ao contrário, a direção partidária deve ser pautada na lei, sob pena da prática de atos irregulares. Dessa forma, as assessorias jurídica e contábil especializadas são fundamentais para o sucesso do gestor em conduzir os atos em matéria financeira.

    Nesses atos, por ele escolhido e nomeado, o gestor é apoiado por um tesoureiro, cujas funções são uma extensão de sua própria responsabilidade. Por isso, o papel exercido pelo tesoureiro, quando qualificado, é um diferencial para o sucesso da gestão. Nessa atividade, por um lado, o tesoureiro busca o apoio jurídico para a melhor prática dos atos e, por outro, fornece informações tempestivas para o melhor registro pelo profissional da contabilidade, de modo que, nessa dinâmica, a tendência de sucesso é quase uma garantia para o gestor político, mesmo que ainda inexperiente. De outra frente, a ausência da dinâmica apresentada expõe o gestor pessoalmente às duras consequências legais, o que pode chegar à extinção da legenda na localidade.

    Por essas palavras, a prestação de contas é muito mais do que a simples entrega de um feixe de documentos à Justiça Eleitoral: em essência, é o alinhamento dos atos de gestão às regras legais em matéria financeira.

Referências

AZEVEDO, R. Mudança nas regras traz de volta planos de reforma da Lei das S. A. **Conselho Federal de Contabilidade**, 18 set. 2020. Disponível em: <https://cfc.org.br/noticias/mudanca-nas-regras-traz-de-volta-planos-de-reforma-da-lei-das-s-a/>. Acesso em: 16 set. 2022.

BRASIL. Constituição (1988). **Diário Oficial da União**, Brasília, DF, 5 out. 1988. Disponível em: <http://www.planalto.gov.br/ccivil_03/constituicao/constituicao.htm>. Acesso em: 16 set. 2022.

BRASIL. Decreto-Lei n. 3.689, de 3 de outubro de 1941. **Diário Oficial da União**, Poder Executivo, Brasília, DF, 13 out. 1941. Disponível em: <http://www.planalto.gov.br/ccivil_03/decreto-lei/del3689.htm>. Acesso em: 16 set. 2022.

BRASIL. Emenda Constitucional n. 117, de 5 de abril de 2022. **Diário Oficial da União**, Poder Legislativo, Brasília, DF, 6 abr. 2022a. Disponível em: <http://www.planalto.gov.br/ccivil_03/constituicao/emendas/emc/emc117.htm>. Acesso em: 16 set. 2022.

BRASIL. Lei n. 4.320, de 17 de março de 1964. **Diário Oficial da União**, Poder Legislativo, Brasília, DF, 23 mar. 1964. Disponível em: <http://www.planalto.gov.br/ccivil_03/leis/l4320.htm>. Acesso em: 16 set. 2022.

BRASIL. Lei n. 4.740, de 15 de julho de 1965. **Diário Oficial da União**, Poder Legislativo, Brasília, DF, 15 jul. 1965. Disponível em: <https://www.planalto.gov.br/ccivil_03/leis/1950-1969/l4740.htm>. Acesso em: 16 set. 2022.

BRASIL. Lei n. 5.682, de 21 de julho de 1971. **Diário Oficial da União**, Poder Legislativo, Brasília, DF, 21 jul. 1971. Disponível em: <http://www.planalto.gov.br/ccivil_03/leis/1970-1979/l5682.htm>. Acesso em: 16 set. 2022.

BRASIL. Lei n. 6.404, de 15 de dezembro de 1976. **Diário Oficial da União**, Poder Executivo, Brasília, DF, 17 dez. 1976. Disponível em: <http://www.planalto.gov.br/ccivil_03/leis/l6404consol.htm>. Acesso em: 16 set. 2022.

BRASIL. Lei n. 9.096, de 19 de setembro de 1995. **Diário Oficial da União**, Poder Legislativo, Brasília, DF, 20 set. 1995. Disponível em: <http://www.planalto.gov.br/ccivil_03/leis/l9096.htm>. Acesso em: 16 set. 2022.

BRASIL. Lei n. 9.504, de 30 de setembro de 1997. **Diário Oficial da União**, Poder Legislativo, Brasília, DF, 1º out. 1997. Disponível em: <http://www.planalto.gov.br/ccivil_03/leis/l9504.htm>. Acesso em: 16 set. 2022.

BRASIL. Lei n. 9.693, de 27 de julho de 1998. **Diário Oficial da União**, Poder Legislativo, Brasília, DF, 27 jul. 1998. Disponível em: <http://www.planalto.gov.br/ccivil_03/leis/L9693.htm>. Acesso em: 16 set. 2022.

BRASIL. Lei n. 10.406, de 10 de janeiro de 2002. **Diário Oficial da União**, Poder Legislativo, Brasília, DF, 11 jan. 2002. Disponível em: <http://www.planalto.gov.br/ccivil_03/leis/2002/l10406compilada.htm>. Acesso em: 16 set. 2022.

BRASIL. Lei n. 11.638, de 28 de dezembro de 2007. **Diário Oficial da União**, Poder Executivo, Brasília, DF, 28 dez. 2007. Disponível em: <http://www.planalto.gov.br/ccivil_03/_ato2007-2010/2007/lei/l11638.htm>. Acesso em: 16 set. 2022.

BRASIL. Lei n. 12.034, de 29 de setembro de 2009. **Diário Oficial da União**, Poder Legislativo, Brasília, DF, 29 set. 2009. Disponível em: <http://www.planalto.gov.br/ccivil_03/_ato2007-2010/2009/lei/l12034.htm>. Acesso em: 16 set. 2022.

BRASIL. Lei n. 12.527, de 18 de novembro de 2011. **Diário Oficial da União**, Poder Legislativo, Brasília, DF, 18 nov. 2011. Disponível em: <http://www.planalto.gov.br/ccivil_03/_ato2011-2014/2011/lei/l12527.htm>. Acesso em: 16 set. 2022.

BRASIL. Lei n. 13.165, de 29 de setembro de 2015. **Diário Oficial da União**, Poder Legislativo, Brasília, DF, 29 set. 2015. Disponível em: <http://www.planalto.gov.br/ccivil_03/_ato2015-2018/2015/lei/l13165.htm>. Acesso em: 16 set. 2022.

BRASIL. Lei n. 13.487, de 6 de outubro de 2017. **Diário Oficial da União**, Poder Legislativo, Brasília, DF, 6 out. 2017a. Disponível em: <http://www.planalto.gov.br/ccivil_03/_ato2015-2018/2017/lei/l13487.htm>. Acesso em: 16 set. 2022.

BRASIL. Lei n. 13.488, de 6 de outubro de 2017. **Diário Oficial da União**, Poder Legislativo, Brasília, DF, 6 out. 2017b. Disponível em: <http://www.planalto.gov.br/ccivil_03/_ato2015-2018/2017/lei/L13488.htm>. Acesso em: 16 set. 2022.

BRASIL. Lei n. 13.831, de 17 de maio de 2019. **Diário Oficial da União**, Poder Legislativo, Brasília, DF, 20 maio 2019a. Disponível em: <http://www.planalto.gov.br/ccivil_03/_ato2019-2022/2019/lei/L13831.htm>. Acesso em: 16 set. 2022.

BRASIL. Lei n. 13.877, de 27 de setembro de 2019. **Diário Oficial da União**, Poder Legislativo, Brasília, DF, 27 set. 2019b. Disponível em: <http://www.planalto.gov.br/ccivil_03/_ato2019-2022/2019/lei/L13877.htm>. Acesso em: 16 set. 2022.

BRASIL. Lei Complementar n. 64, de 18 de maio de 1990. **Diário Oficial da União**, Poder Legislativo, Brasília, DF, 21 maio 1990. Disponível em: <http://www.planalto.gov.br/ccivil_03/leis/lcp/lcp64.htm>. Acesso em: 16 set. 2022.

BRASIL. Supremo Tribunal Federal. Ação Direta de Inconstitucionalidade n. 4.650-DF. Relator: Min. Luiz Fux. **Diário da Justiça**, Brasília, DF, 24 fev. 2016. Disponível em: <https://redir.stf.jus.br/paginadorpub/paginador.jsp?docTP=TP&docID=10329542>. Acesso em: 16 set. 2022.

BRASIL. Supremo Tribunal Federal. Agravo em Recurso Extraordinário n. 1.347.523/DF. Relator: Min. Ricardo Lewandowski. **Diário da Justiça**, Brasília, DF, 27 jan. 2022b. Disponível em: <https://www.jusbrasil.com.br/jurisprudencia/stf/1310325584/inteiro-teor-1310325597>. Acesso em: 16 set. 2022.

BRASIL. Tribunal Superior Eleitoral. Recurso Especial Eleitoral n. 0600384-48.2020.6.04.0015/AM. Relator: Min. Mauro Campbell Marques. **Diário da Justiça**, Brasília, DF, 2 set. 2022c. Disponível em: <https://sjur-servicos.tse.jus.br/sjur-servicos/rest/download/pdf/2955823>. Acesso em: 29 dez. 2022.

BRASIL. Tribunal Superior Eleitoral. Resolução n. 23.604, de 17 de dezembro de 2019. **Diário da Justiça**, Brasília, DF, 23 dez. 2019c. Disponível em: <https://www.tse.jus.br/legislacao/compilada/res/2019/resolucao-no-23-604-de-17-de-dezembro-de-2019>. Acesso em: 16 set. 2022.

BRASIL. Tribunal Superior Eleitoral. Resolução n. 23.606, de 17 de dezembro de 2019. **Diário da Justiça**, Brasília, DF, 27 set. 2019d. Disponível em: <https://www.tse.jus.br/legislacao/compilada/res/2019/resolucao-no-23-606-de-17-de-dezembro-de-2019>. Acesso em: 16 set. 2022.

BRASIL. Tribunal Superior Eleitoral. Resolução n. 23.607, de 17 de dezembro de 2019. **Diário da Justiça**, Brasília, DF, 27 dez. 2019e. Disponível em: <https://www.tse.jus.br/legislacao/compilada/res/2019/resolucao-no-23-607-de-17-de-dezembro-de-2019>. Acesso em: 16 set. 2022.

CASTRO, E. de R. **Curso de direito eleitoral**. 9. ed. Belo Horizonte: Del Rey, 2018.

DI PIETRA, A. **Contabilidade eleitoral**: aspectos contábeis e jurídicos das prestações de contas das eleições de 2016. Brasília: CFC, 2016.

FERNANDES, C. M.; MARIO, P. C. Ensaio sobre a essência contábil *versus* a forma jurídica: (d)efeitos na tributação de uma massa falida. In: CONGRESSO USP DE CONTROLADORIA E CONTABILIDADE, 10., 2010, São Paulo. **Anais...**, São Paulo: EAC/USP – Fipecafi, 2010, v. 1, p. 1-11. Disponível em: <https://congressousp.fipecafi.org/anais/artigos102010/453.pdf>. Acesso em: 16 set. 2022.

FRANÇA, J. A. de et al. **Manual de procedimentos para o terceiro setor**: aspectos de gestão e de contabilidade para entidades de interesse social. Brasília: CFC/Profis, 2015.

GOMES, J. J. **Recursos eleitorais**. São Paulo: Saraiva, 2016.
IUDÍCIBUS, S. Ensaio sobre algumas raízes profundas da contabilidade, em apoio aos princípios fundamentais. **Revista de Contabilidade e Organizações**, São Paulo, v. 1, n. 1, p. 9-16, dez. 2007. Disponível em: <http://www.revistas.usp.br/rco/article/view/34693>. Acesso em: 16 set. 2022.
IUDÍCIBUS, S.; MARTINS, E.; CARVALHO, L. N. Contabilidade: aspectos relevantes da epopeia de sua evolução. **Revista Contabilidade & Finanças**, São Paulo, v. 16, n. 38, p. 7-19, ago. 2005. Disponível em: <http://www.scielo.br/scielo.php?script=sci_arttext&pid=S1519-70772005000200002&lng=en&nrm=iso>. Acesso em: 16 set. 2022.
JREIGE, E. F. True and fair view: um entrave ou um impulso para a contabilidade? **Caderno de Estudos Fipecafi**, São Paulo, n. 17, p. 1-15, jan./abr. 1998. Disponível em: <https://www.revistas.usp.br/cest/article/view/5623>. Acesso em: 16 set. 2022.
KELSEN, H. **Teoria geral do direito e do Estado**. São Paulo: M. Fontes, 1992.
MARION, J. C.; PROCÓPIO, A. M. Uma proposta metodológica no ensino dos princípios fundamentais de contabilidade na disciplina de contabilidade de custos. **Contabilidade Vista e Revista**, Belo Horizonte, v. 9, n. 4, p. 23-29, dez. 1998. Disponível em: <https://revistas.face.ufmg.br/index.php/contabilidadevistaerevista/article/view/123>. Acesso em: 16 set. 2022.
MARTINS JÚNIOR, W. P. **Transparência administrativa**: publicidade, motivação e participação popular. 2. ed. São Paulo: Saraiva, 2010.

MOREIRA, A. T.; SILVA FILHO, O. N.; LEMES A. S. IAS 17: análises, comparações e a primazia da essência sobre a forma. **Revista de Administração e Ciências Contábeis do IDEAU**, v. 6, n. 12, p. 1-22, jan./jul. 2011. Disponível em: <https://www.getulio.ideau.com.br/wp-content/files_mf/588c001b8a5ac684c5e6e3d853dbd64575_1.pdf>. Acesso em: 16 set. 2022.

OLIVEIRA, J. R. P.; GROTTI, D. A. M. Sistema de responsabilização pela prática de atos de improbidade administrativa: críticas ao Projeto de Lei do Senado n. 2.505/2021. In: OLIVEIRA, J. R. P.; GROTTI, D. A. M. **Coletânea mudanças na Lei da Improbidade**. ANPR, 2021. Disponível em: <https://www.anpr.org.br/images/2021/08/Sistema_de_Improbidade_e_Criticas_ao_Projeto_de_Reforma.pdf>. Acesso em: 16 set. 2022.

RIZZARDO, A. **Condomínio edilício e incorporação imobiliária**. 7. ed. Rio de Janeiro: Forense, 2019.

SANTOS, C. B.; ALMEIDA, K. K. N. Análise introdutória das mudanças provocadas na contabilidade pública pelas Normas Brasileiras de Contabilidade Aplicadas ao Setor Público. **Reunir – Revista de Administração, Contabilidade e Sustentabilidade**, São Paulo, v. 1, n. 1, p. 21-38, jan./abr. 2012.

TSE – Tribunal Superior Eleitoral. **Saiba como é feito o trabalho do Núcleo de Inteligência da Justiça Eleitoral**. 11 ago. 2022. Disponível em: <https://www.tse.jus.br/comunicacao/noticias/2020/Novembro/saiba-como-e-feito-o-trabalho-do-nucleo-de-inteligencia-da-justica-eleitoral>. Acesso em: 15 dez. 2022.

VASCONCELOS, C.; SILVA, M. A. da. **Direito eleitoral**. 2. ed. São Paulo: Saraiva, 2020.

Respostas

Capítulo 1

Questões para revisão

1. e
2. b
3. Dever de transparência e dever de prestação de contas (CF, 17, III).
4. Sim, os partidos políticos estão submetidos ao controle social oportunizado pela Justiça Eleitoral quando da publicação dos dados em página aberta na rede mundial de computadores (internet).
5. Não. Assim como a Administração está submetida ao dever constitucional de prestação de contas dos gestores públicos, as agremiações partidárias estão submetidas ao dever constitucional de contas eleitorais; são fundamentos diferentes para mecanismos semelhantes.

Capítulo 2
Questões para revisão
1. e
2. a
3. e
4. A característica essencial da aplicação dos recursos públicos é sua vinculação à finalidade para qual a lei autoriza a aplicação ou o gasto.
5. A qualquer tempo, os partidos podem arrecadar recursos destinados às eleições.

Capítulo 3
Questões para revisão
1. e
2. V, F, V, V, V.
3. e
4. No caso do partido, não há a necessidade de autorização da esfera nacional, nem superior. Além disso, os débitos com origem na campanha são causa de desaprovação de contas, e os débitos partidários não.
5. A transparência é duplamente exigida: uma advém do dever de contas, outra advém da transparência e afeta os recursos públicos.

Capítulo 4
Questões para revisão
1. e
2. V, V, F, V.

3. V, V, V, V.
4. A atuação do tesoureiro é facultativa; ele assume responsabilidades pela prática dos atos em lugar do gestor, e sua atuação não é regulamentada (profissão legalmente regulamentada). A responsabilidade do profissional da contabilidade é restrita e recai sobre as informações oportunizadas tempestivamente.
5. Estorno compreende as tarefas de devolução ao doador tido como fonte vedada RFV ou, ainda, no caso de erros materiais ou pelo encaminhamento à STN nas situações de doação de recursos cuja origem não pode ser identificada Roni.

Capítulo 5
Questões para revisão
1. e
2. V, V, V, V, V.
3. c
4. Nas eleições, o gasto eleitoral é o somatório dos gastos do candidato e do partido.
5. É vedado o repasse, dentro ou fora da circunscrição, a partidos e candidatos não pertencentes à mesma coligação, ou seja, não coligados. Logo, há vedação expressa quanto ao repasse fora do projeto político, em respeito à cláusula de barreira.

Capítulo 6
Questões para revisão
1. F, F, V, F, V.
2. c
3. c
4. V, V, V, V, V, V.

5. A assertiva tem seu fundamento de validade no art. 17, inciso III, da Constituição Federal, o qual atua como um verdadeiro princípio para a prestação de contas.
6. São elas: impugnação das contas, denúncia fundamentada, ação de investigação da Justiça Eleitoral e denúncia de filiado.

Sobre o autor

Alexandre Di Pietra é pós-graduado em Direito Eleitoral pela Escola Judiciária Eleitoral Paulista de Magistratura (EJEP), do Tribunal Regional Eleitoral de São Paulo (TRE-SP), e bacharel em Direito pela Universidade de Mogi das Cruzes (UMC). Atua como advogado e profissional da contabilidade na área pública. É professor, palestrante, membro da Comissão Técnica de Contabilidade Eleitoral do Conselho Federal de Contabilidade (CFC), em convênio com o Tribunal Superior Eleitoral (TSE) – 2016-2019/2022-2023, da Academia Brasileira de Direito Eleitoral e Político (Abradep) e da Comissão Eleitoral do Conselho Regional de Contabilidade do Estado de São Paulo (CRCSP). Ainda, é membro da Comissão Especial de Direito Eleitoral da Ordem dos Advogados do Brasil São Paulo (OAB-SP), advogado especialista em prestação de contas eleitorais, defesas e recursos de partidos e candidatos, além de chefe da contabilidade da Câmara Municipal de Santa Isabel (SP).

É coautor dos livros: *Contabilidade eleitoral – aspectos contábeis e jurídicos das prestações de contas das eleições de 2016*; *Contabilidade eleitoral: da teoria à prática*; *Comentários à Resolução TSE n. 23.607/2019, artigo por artigo*; e *Contabilidade eleitoral & prestação de contas* (v. 1).

Os papéis utilizados neste livro, certificados por instituições ambientais competentes, são recicláveis, provenientes de fontes renováveis e, portanto, um meio **respons**ável e natural de informação e conhecimento.

Impressão: Reproset
Fevereiro/2023